乐在棋中

许敏臻 / 主编

幼儿园围棋
"弈go"剧场活动
实践研究

上海社会科学院出版社
SHANGHAI ACADEMY OF SOCIAL SCIENCES PRESS

图书在版编目(CIP)数据

乐在棋中 : 幼儿园围棋"弈 go"剧场活动实践研究 / 许敏臻主编 . — 上海 : 上海社会科学院出版社,2024
ISBN 978 - 7 - 5520 - 4287 - 0

Ⅰ.①乐… Ⅱ.①许… Ⅲ.①围棋—学前教育—教学参考资料 Ⅳ.①G613.7

中国国家版本馆 CIP 数据核字(2023)第 245913 号

乐在棋中——幼儿园围棋"弈 go"剧场活动实践研究

主　　编:	许敏臻
责任编辑:	杜颖颖
封面设计:	裘幼华
出版发行:	上海社会科学院出版社
	上海顺昌路 622 号　邮编 200025
	电话总机 021 - 63315947　销售热线 021 - 53063735
	http://cbs.sass.org.cn　E-mail:sassp@sassp.cn
排　　版:	南京展望文化发展有限公司
印　　刷:	上海龙腾印务有限公司
开　　本:	890 毫米×1240 毫米　1/32
印　　张:	5
字　　数:	115 千
版　　次:	2024 年 2 月第 1 版　2024 年 2 月第 1 次印刷

ISBN 978 - 7 - 5520 - 4287 - 0/G • 1283　　　　定价:30.00 元

版权所有　翻印必究

《乐在棋中》编委会

主　编：许敏臻

副主编：张　玲

委　员(排名不分先后)：

　　　　　许敏臻　张　玲　成　静　谈佳乐

　　　　　施晓辰　陈帼瑛　钱舒琴　赵　静

目 录

第一章 导论：特色课程发展的新命题 …………………………… 1
  （一）研究背景 ……………………………………………………… 1
    1. 围棋文化的传承以幼儿单向接受为主 ………………… 1
    2. 围棋文化教育多停留在器物层面 ……………………… 2
    3. 传统的围棋剧场活动亟待革新 ………………………… 2
  （二）研究价值 ……………………………………………………… 3
    1. 围棋文化是中华民族文化瑰宝 ………………………… 3
    2. 我园具备扎实的围棋研究基础 ………………………… 3
    3. 我园围棋特色课程发展的新命题 ……………………… 4

第二章 追溯："弈 go"剧场里的博物学 ……………………………… 5
  （一）幼儿身心发展特点 …………………………………………… 6
    1. 幼儿身心发展的一般特征 ……………………………… 6
    2. 各年龄段幼儿身心发展的特点 ………………………… 7
  （二）围棋文化 ……………………………………………………… 8
    1. 围棋文化的育人价值 …………………………………… 9
    2. 围棋文化的内容 ………………………………………… 9
  （三）《指南》与幼儿文化培养的相关内容 ……………………… 15
    1.《指南》中关于幼儿文化培养的解读 ………………… 15

  2.《指南》与围棋文化的对比 …………………………… 16
 （四）儿童剧场活动的发展及立场 ………………………………… 17
  1. 国内外儿童剧场活动的兴起与发展 ……………………… 17
  2. 剧场活动在我国学校实践中的兴起与发展 ……………… 18
  3. 关于儿童剧场活动的不同立场 …………………………… 19
 （五）目前幼儿园剧场活动研究在实践中存在的问题 …………… 20
  1. 忽视幼儿的自主表达表现 ………………………………… 20
  2. 过度强调幼儿的表演技巧 ………………………………… 20
 （六）国内外研究现状述评 ………………………………………… 21
  1. 剧场活动是培养幼儿文化素养的良好媒介 ……………… 21
  2. 剧场活动符合 3—6 岁幼儿的兴趣和需求 ……………… 22
  3. 围棋文化的传承和创新发展并未得到足够
    重视 ………………………………………………………… 22

第三章　定位："弈 go"剧场的奠基石 ………………………… 23
 （一）概念界定 ……………………………………………………… 23
  1. 围棋 ………………………………………………………… 23
  2. 围棋文化 …………………………………………………… 24
  3. "弈 go"剧场活动 ………………………………………… 24
 （二）研究目标 ……………………………………………………… 24
 （三）研究过程与方法 ……………………………………………… 25
  1. 文献研究法 ………………………………………………… 25
  2. 观察法 ……………………………………………………… 25
  3. 访谈法 ……………………………………………………… 27
  4. 行动研究法 ………………………………………………… 27
  5. 案例研究法 ………………………………………………… 28

  6. 经验总结法 …… 28
 （四）"弈 go"剧场活动的内容 …… 28
  1. 我园幼儿围棋文化素养的现状调查分析 …… 28
  2. 基于幼儿身心特点筛选适宜的围棋文化内容 …… 41

第四章　新生：围棋文化里的大世界 …… 43
 （一）"弈 go"剧场活动的特征 …… 43
  1. 预设和生成相结合 …… 43
  2. 舞台和环境相融合 …… 45
  3. 表演和体验相结合 …… 48
 （二）"弈 go"剧场活动的开发 …… 50
  1. "弈 go"剧场活动方案的设计工具 …… 51
  2. "弈 go"剧场活动中环境的开发 …… 53
 （三）"弈 go"剧场活动的实施与类型 …… 58
  1. 沉浸式剧场活动 …… 59
  2. 互动式剧场活动 …… 63
  3. 想象式剧场活动 …… 67

第五章　升华："弈 go"剧场里的精气神 …… 72
 （一）"弈 go"剧场活动的实施策略 …… 72
  1. 抛锚式策略——开启幼儿的围棋文化之旅 …… 72
  2. 情境体验策略——让幼儿从旁观者变为参与者 …… 74
  3. 支架式策略——从"参与者"转变为"策划者" …… 77
 （二）"弈 go"剧场活动的评价 …… 80
  1. 评价工具的开发依据 …… 80
  2. "弈 go"剧场活动的评价工具 …… 82

第六章　收获："弈 go"剧场中的文化烙印 ⋯⋯⋯⋯⋯ 89
（一）加深了幼儿对围棋文化的整体理解 ⋯⋯⋯⋯⋯ 89
（二）提升了幼儿多项围棋文化素养 ⋯⋯⋯⋯⋯⋯⋯ 93
　　1. 品德礼仪——有规矩的中国人 ⋯⋯⋯⋯⋯⋯⋯ 93
　　2. 历史知识——有灵魂的中国人 ⋯⋯⋯⋯⋯⋯⋯ 94
　　3. 和谐思想——有智慧的中国人 ⋯⋯⋯⋯⋯⋯⋯ 96
　　4. 思维方式——有方法的中国人 ⋯⋯⋯⋯⋯⋯⋯ 98
（三）促进了幼儿核心素养的发展 ⋯⋯⋯⋯⋯⋯⋯⋯ 99
　　1. 幼儿越发地具备团队意识、互助精神 ⋯⋯⋯⋯ 99
　　2. 幼儿的动手操作能力得到了有效提升 ⋯⋯⋯⋯ 102
　　3. 幼儿个性化表达、表现促进了创新性发展 ⋯⋯ 103

第七章　期盼：永不落幕的"弈 go"剧场 ⋯⋯⋯⋯⋯ 106
（一）幼儿围棋礼仪品德的培养有待进一步加强 ⋯⋯ 106
（二）"弈 go"剧场的内容选择上需更加均衡 ⋯⋯⋯ 106
（三）在实践中需更全面而合理地运用观察法 ⋯⋯⋯ 107
（四）校园的整体围棋文化环境创设有待提升 ⋯⋯⋯ 107

主要参考文献 ⋯⋯⋯⋯⋯⋯⋯⋯⋯⋯⋯⋯⋯⋯⋯⋯⋯ 108

附录一　围棋剧场活动方案 ⋯⋯⋯⋯⋯⋯⋯⋯⋯⋯⋯ 109

附录二　访谈提纲 ⋯⋯⋯⋯⋯⋯⋯⋯⋯⋯⋯⋯⋯⋯⋯ 149

第一章
导论：特色课程发展的新命题

我园在数十年的幼儿围棋游戏活动及课程研究中始终围绕三点进行：一是充分挖掘围棋文化的内涵与实质，使围棋活动不仅仅停留在益智活动的层面上；二是将围棋中蕴含的传统文化与我园基础课程、特色课程进行科学联结，继而传承和发扬祖国的传统文化；三是弱化围棋的竞技功能，使围棋文化浸润每一名儿童，并感受围棋活动带来的快乐。我园已有的围棋研究成果广受教师、家长的好评，尤其是多媒体软件《童谣围棋——越玩越聪明》得到了幼教界及围棋领域的广泛关注。

（一）研究背景

我们研发特色课程的目标是在围棋文化的传承过程中，更加凸显幼儿的主体性、自主性和主动性，并让幼儿喜爱、理解、认同围棋文化。因此我们尝试通过幼儿喜闻乐见的剧场形式——"弈go"剧场活动培养幼儿的围棋文化基因，提升幼儿的围棋文化素养，进一步完善特色课程中的薄弱环节，使之更加丰满、均衡和儿童化。

1. 围棋文化的传承以幼儿单向接受为主

纵观相关研究不难发现，目前对于围棋文化或者传统文化的传承大多以幼儿单向接受为主，如围棋微话剧中，幼儿是观众；教师讲述围棋故事时,幼儿是听众;翻看围棋图画册时,幼儿是读者……我园开展围棋文化教育的目的并非仅仅在于文化的传承与发展,它必然也应对幼儿自身的生命成长富有意义,否则围棋文化就是外部强加于幼儿的枯燥材料信息。只有和幼儿的生活经验与生命体验相融合,唤起幼儿对围棋文化的体悟,围棋文化才可能真正内化于幼儿的血脉之中,切实影响幼儿文化身份的构建。

2. 围棋文化教育多停留在器物层面

过往教师在实施围棋特色课程中凡是涉及围棋文化这一板块内容时,热衷将一些器物、符号甚至是文字摆放在幼儿园角落或是贴在教室墙上,对围棋文化中的勇敢坚毅、诚实守信、含蓄谦虚等优良品质关注较少。教师在实施围棋特色课程时很少会涉及深层次的围棋文化如思想内涵、价值观念、审美取向等文化内核,幼儿难以产生心灵与情感的共鸣。

3. 传统的围棋剧场活动亟待革新

在新时代,必须推进中华优秀传统文化的创造性转化和创新性发展,然而要让幼儿理解这些抽象的东西是非常困难的。在以往的研究中我们发现围棋微话剧深受师幼的喜爱,生动、活泼、形象、有趣的话剧表演易于幼儿理解围棋文化,但传统的围棋剧场以教师表演为主,幼儿大多是被动参与,未能使围棋文化对幼儿产生深度影响,不利于发挥幼儿的主动性。围棋文化"弈 go"剧场活动正是对传统围棋剧场活动的全面升级。它让幼儿通过亲身体验、自主创造、动手动脑、表演展示的过程去理解围棋文化、感受围棋文化的内涵、领会围棋文化的精髓。本研究的"弈 go"剧场活动不只是在特定的空间、时间内开展的演艺活动,而是包含一切和剧场有关联的活动,如环境创设、道具制作、参观展示、师幼互动等。

(二) 研究价值

1. 围棋文化是中华民族文化瑰宝

围棋伴随着儒、释、道思想和其他文化艺术,融贯于绵绵几千年的中华文明,至今已有4 000多年的历史。围棋文化是几千年来中华民族哲理智慧与思辨意识的结晶,它包含了中华厚实且独具韵味的文化积淀。

围棋文化对中国青少年蕴含着巨大的教育价值,围棋中包含着人生的哲学,能培养人的大局观。对于3—6岁幼儿来说,围棋文化中蕴含的礼仪、哲理故事、围棋历史、名人事迹、诗词歌赋、经典棋局、情趣智育等能促进幼儿智力和非智力因素的发展。

《3—6岁儿童学习与发展指南》(以下简称《指南》)在论述语言、社会及艺术三大领域目标和教育建议中多次指出,要通过对文学、艺术作品的欣赏引导幼儿感受文学语言和艺术的美,鼓励幼儿自编故事、动作和表情等进行语言和艺术的再创作,激发幼儿的民族自豪感和家国意识。这些目标与内容都与围棋文化的传承不谋而合。

2. 我园具备扎实的围棋研究基础

为了弘扬民族文化,积极响应二期课改中的课程观,早在2002年,我园就开始对围棋活动进行了实践与探索,并申报立项了三项课题,皆为区级重点课题。经过十几年的研究,围棋游戏融合课程已成为我园的特色课程。围棋游戏特色课程促进了我园幼儿智力因素、非智力因素的发展,幼儿在社交礼仪、逻辑推理能力、抗逆力、战略思维、动作发展、艺术表现、探索精神等方面的发展有了明显的提高,值得一提的是,2017学年我园大班幼儿社会性发展在区测评中取得了名列前茅的好成绩。

3. 我园围棋特色课程发展的新命题

在围棋游戏融合特色课程的实践中我们发现了一些问题和不足，如：围棋文化在课程设计和实施中始终是薄弱环节，如何对3—6岁幼儿进行适宜的围棋文化熏陶？如何以围棋为载体培养幼儿的围棋文化素养？如何让幼儿甚至我园全体教工理解围棋文化并产生围棋文化认同？因此，我园尝试通过"弈go"剧场活动的方式对幼儿进行围棋文化的熏陶和学习，同时在围棋文化的润泽中不断丰富围棋特色课程的内涵和外延。

第二章
追溯:"弈 go"剧场里的博物学

围棋作为中华文化的瑰宝,具有数千年的悠久历史,其发展充分体现了博大精深、奥妙无穷的传统文化魅力。在"中国知网"五种数据库(中国期刊全文数据库、中国博士学位论文全文数据库、中国优秀硕士学位论文全文数据库、中国重要报纸全文数据库、中国重要会议全文数据库),我们以文献"主题"为检索项,分别以"围棋文化"及"儿童剧场活动"为关键词检索,采取"模糊匹配"方式进行检索,共检索到相关文献238篇(其中和围棋文化相关的有118篇,儿童剧场活动相关的120篇),主要包含围棋文化的相关研究、儿童剧场活动理论与实践研究等内容。和围棋文化相关文献的数量从2013年开始呈现不断增长的趋势(见图2-1),研究的热度近

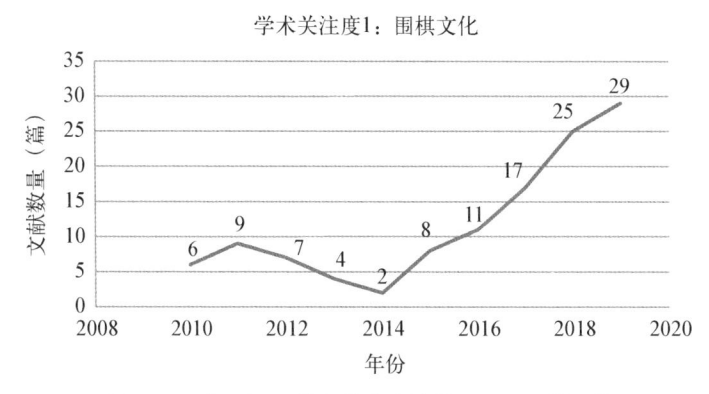

图2-1 中国知网学术关注度趋势图——围棋文化

几年里攀升迅速。和儿童剧场活动相关文献的数量总体趋势是上升的,但近几年开始递减,研究热度有所下降(见图2-2)。除此之外,研究者还查阅了大量的书籍、报纸、研究报告等资料。

学术关注度2：儿童剧场活动

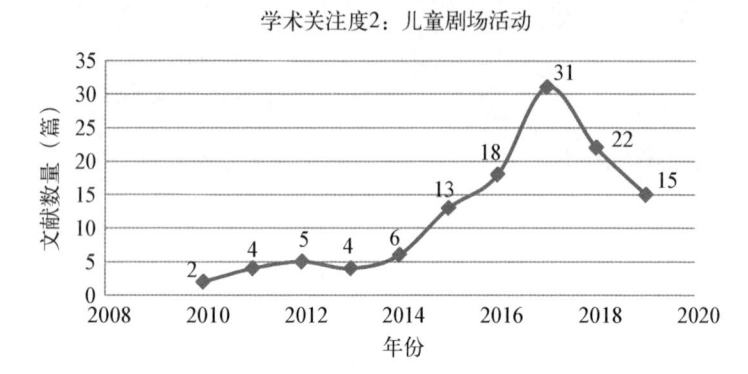

图2-2 中国知网学术关注度趋势图——儿童剧场活动

（一）幼儿身心发展特点

本研究的研究对象主要是3—6岁幼儿,幼儿的身心发展根据年龄的变化呈现出不同的特点,为了准确把握研究对象的身心特点及规律,研究者对3—6岁幼儿的身心发展特点进行了梳理,将其分为一般性特征和各年龄段身心发展特点。

1. 幼儿身心发展的一般特征

（1）认识活动的具体形象性。幼儿主要是通过感知、依靠表象来认识事物的,具体形象的表象左右着幼儿的整个认识过程。甚至思维活动也常常难以摆脱知觉印象的束缚。如两排相等数目的棋子,如果等距离摆开,幼儿都知道是"一样多",但如果将其中的一排棋子聚拢,不少幼儿就会认为密的这一排棋子数目少些,因为"这一排比那一排短"。可见,幼儿辨别数目的多少要受棋子排列形式的影响。所以说幼儿的思维是以具体形象性为主要特点的。

（2）心理活动及行为的无意性。幼儿控制和调节自己的心理活动和行为的能力仍然很差，很容易受外界影响而改变自己的活动方向，因而行为表现出很大的不稳定性。在适宜的教育影响下，随着年龄的增长，这种状况逐渐有所改变。

（3）开始形成最初的个性倾向。3岁前，幼儿已有个性特征的某些表现，但这些特征是不稳定的，容易受到外界的影响而改变，个性表现的范围也有局限性，很不深刻，一般只在活动的积极性、情绪的稳定性、好奇心的强弱程度等方面反映出来。幼儿个性表现的范围比以前广阔，内容也深刻多了。无论是在兴趣爱好方面、行为习惯、才能方面，以及对人对己的态度方面，都开始表现出自己独特的倾向。这时的个性倾向与以后相比虽然还是容易改变的，但已成为一生个性的基础或雏形。

2. 各年龄段幼儿身心发展的特点

由于幼儿的身心发展较快，大、中、小年龄段的幼儿在感知觉、注意力、社会性和逻辑思维等方面表现出的身心特点各有不同（如表2-1所示）。

表2-1　各年龄段幼儿身心发展特点

身心特点 年龄	感知觉	注意力	社会性	逻辑思维
3—4岁	幼儿视觉敏锐度发展较弱，比较适合观看大图或醒目的标识等	容易被鲜艳的颜色、动物造型吸引，喜欢具体形象、生动活泼的环境	以模仿为主，在环境的潜移默化中能习得简单的礼仪	以自我为中心的意识开始萌发，泛灵论的思维模式比较普遍

续 表

身心特点 年龄	感知觉	注意力	社会性	逻辑思维
4—5岁	开始能以自身为中心辨别方位,视觉敏锐度有所提高	有意注意的时长有所延长,但仍会不自主地被新鲜事物吸引	能通过具体的场景、事例理解良好品德的意义,并在理解的基础上习得基本礼仪	尚未形成思维定势,会提出浪漫、大胆、出人意料的奇思异想
5—6岁	对时间单位能正确理解,能理解"一分钟""一小时"的意义	注意的分配能力也有所提高,对熟悉的内容可以同时操作,如边唱边跳等	能关注并评价他人的品德礼仪表现,并有意识地对自己的品德礼仪加以调整	显现出朴素逻辑性,在一定程度上能有逻辑地自己解答疑惑

表2-1很好地说明在幼儿园开展围棋文化活动的实践活动是可行的,但要注意活动的时间和频率。本研究的核心在于对3—6岁幼儿进行围棋文化的熏陶和渗透,而不是技能技巧的训练。

(二) 围棋文化

围棋是中华民族的瑰宝,是中国发展史上最璀璨的明珠,围棋文化在发展的过程中融合了哲学、历史、天文等知识,有着丰富的人文、哲学、美学内涵。"文化"的定义非常广泛,不同学者在不同的领域有不同的说法。一般而言,文化包含两方面的含义:一方面,文化是人类发展过程中形成的一种社会现象;另一方面,文化是一种历史现象,是社会现象和历史现象的结晶,是在历史发展过程中形成的沉淀物。本课题研究围棋文化是指围棋在其历史发展过程中所形成的物质财富(包括知识、技巧、环境、名人故事等)和精神财富(包括品德、礼仪、哲理等)的总称。

1. 围棋文化的育人价值

围棋文化是几千年来人类智慧的结晶。围棋文化的价值毋庸置疑。历史上许多文学家、政治家都曾专门作过诗词歌赋赞美围棋文化,如杜甫的"楚江巫峡半云雨,清簟疏帘看弈棋",唐太宗李世民的"手谈标昔美,坐隐逸前良"等,都是流传至今的佳句。在古人看来,诗与棋是相通的。诗与棋的融合,既体现了诗的意境,又体现了棋的诗意。笔者在文献梳理过程中发现数篇文献直接或间接地指出围棋文化对促进儿童心智、品德修养、人生观、价值观的发展和形成有积极的作用,如:国际重要学术杂志《认知脑研究》指出丰富的围棋活动可以促进人类较少使用的右脑发展,训练注意力、发挥想象力、加强记忆力,并促进脑部全面信息的统筹和处理能力;围棋不仅能促进学生智力发展,更为重要的是,围棋本身蕴含的文化能潜移默化地影响学生,促进学生自我管理能力、良好心态的形成及道德品质(如勇敢进取、谦虚谨慎、文明礼貌、遵纪守法)的提升。

2. 围棋文化的内容

本研究按照物质文化和精神文化将围棋文化进行了分类梳理,物质文化是指知识、技巧、环境、名人故事等内容,具体内容如下:

(1)知识。包括认识棋盘、棋子,如棋盘由纵横各19条等距离、垂直交叉的平行线构成。形成361个交叉点,在围棋中简称为"点",同时包括对弈的规则及基本着法。

下围棋的基本顺序和规则:对局双方各执一色棋子,空枰开局;黑先白后,交替着一子于棋盘的点上;棋子下定后,不再向其他点移动;轮流下子是双方的权利,但允许任何一方放弃下子权而使用虚着。棋局下到双方一致确认着子完毕或对局中有一方中途认输时,为终局。

气:一个棋子在棋盘上,与它直线紧邻的空点是这个棋子的"气"。

天元:在棋盘上标有9个小圆点,称作"星"。中央的圆点又称"天元"。

打吃:指一方落子后,对方的某个子或某些子仅剩一口气,如果置之不理,下一手就会被提子,也称"打"。

双吃:当下一个棋子之后,使得对方的两个子或两部分同时都被打吃。

包围:以堵住对方棋子气为目的的着法。

提子:是指把没有气的棋子从棋盘上拿掉。

长气:挨着己方棋子下子,并能增加己方棋子的气。

紧气:挨着对方棋子下子,灭掉对方的气。

征子:从两边连续打吃,使对方棋子始终只有一口气,直至最后把对方棋子全部吃掉的吃子着法。也叫"扭头羊"。

活棋:终局时,经双方确认,不能被提取的棋都是活棋。

死棋:终局时,经双方确认,能被提取的棋都是死棋。

(2)技巧。围棋经历了数千年的发展,积累了大量的对弈技巧,研究者梳理出了适合3—6岁幼儿的围棋对弈基本技巧。

在具体的围棋着法中蕴含着一些学习的方法,如先进攻还是先防守,是先手还是后手,死棋是提还是不提,从简单的两色相争到复杂的地势相争,再到攻和防的转换等,这些都在无形中培养幼儿良好的辩证思维能力。

学习围棋一年的儿童,可以根据以往的对弈经验说出多种围棋中的形象词汇,如"盘角曲四""一石三鸟"等。学习围棋不仅使儿童掌握了相应的对弈技巧,还使儿童语言的连贯性更强,思维也更有逻辑性。

(3)环境。园所大环境创设:如门厅可以布置为古色古香的对弈棋盘,让幼儿闲暇时可坐下来杀一盘,将黑白棋子设计为可爱卡通的形象,作为幼儿园的吉祥物;在楼梯的转角处张贴中国名棋手的照片,让幼儿领略围棋名人风采;在操场上创设一个个大大的棋盘供幼儿玩乐;开设专门的围棋专用室用于对弈比赛等。

班级的围棋环境创设:小环境的创设则需精雕细琢,如有棋盘寓意的网格装饰、有黑白棋子边框装饰、镶有棋型的花朵,让主题墙变得灵动、巧妙。班级吊饰也是围棋活动的衍生,教师可以巧妙地将有趣的围棋故事、卡通化的围棋形象等装饰到班级吊饰中,可爱古典,形形色色,让每个班级都流淌着不一样的围棋氛围。

(4)典故。研究者通过梳理大量的围棋文化书籍和资料,发现历史上流传下来的围棋典故有很多,其中比较著名的有《尧造围棋》《弈秋》《关羽下棋刮骨疗毒》《杨靖与猴弈》《吕元应以棋品应人品》《谢安围棋赌墅》《王质观棋烂柯》《唐王梦吞棋经》《握中一子》等。同时还有一些有趣的和围棋相关的民间故事,如历史上最特别的几场棋局。

最淡定的棋局:相传东晋时期,谢安的国家遭到百万敌军的侵犯,大家都很恐慌,而谢安却一如既往,照旧下棋、弹琴、饮酒、作诗,闭口不谈大战之事。领军大将谢玄看到叔叔谢安如此,心中焦急万分,就去看望谢安,询问破敌之计。谢安却闭口不谈战事,反邀谢玄下棋,谢安走棋行云流水,得心应手。而谢石却心事重重,心神不宁,一心记挂战事,走棋更是漏洞百出。平日里,谢安的棋力不及谢玄,但这天谢玄心有所惧却输给了坦然自若的谢安。

最痴心的棋局:乾隆年间,扬州有个盐商叫胡照麟,酷爱下棋。一次胡照麟与名手范西屏下棋,下到中盘时,胡照麟明显居下风,他谎称肚子疼而封盘告退,其实是偷偷去向另一个围棋高手施定庵请教,因施定庵的住处离扬州较远,胡照麟花了两天一夜的时间又匆匆赶回去和范西屏继续对弈,这种痴心实在令人佩服。

这一个个生动有趣的历史名人故事、民间故事等,也有助于培养幼儿勇敢进取、坚韧不拔、临危不惧的品质。

(5)棋局。围棋与中国的"琴""书""画"并成为中国的四大艺术。围棋文化在发展的过程中融合历史、天文、艺术等知识,有着丰富的美学内涵,这对于陶冶幼儿情操,培养幼儿的审美具有一定的作用。

围棋从起源到今天,经历了几千年的历史,流传已久的棋谱佳作是一份份艺术品。围棋的美不单单表现在棋局、棋谱上,还表现在棋手的风格和围棋观。例如:日本著名棋手大竹被称为"美学大师",硬朗的棋风,完美无缺的棋形被许多人所敬佩和模仿;高川格素有"流水不争先"的棋风;聂卫平的"三连星";武宫正树的"宇宙流"等。通过欣赏这些高手的棋局、棋谱以及学习其风格不仅能够促进幼儿感受美和认识美的能力,而且还能在这一过程中起到净化心灵、陶冶情操的作用。

围棋文化中的精神文化是指品德、礼仪、哲理等,具体内容如下:

(6)品德。围棋文化中蕴含的品德是围棋文化的精髓。围棋在

2 000多年的发展过程中形成了自己的道德准则,我国著名的开国元帅陈毅在《题〈围棋明谱精选〉》中写道:"棋虽小道,品德最尊。"

围棋文化表明了一种和谐平等的人际关系态度,在围棋的棋盘中棋子只有黑白之分,每个棋子是平等的,没有身份、职位的不同。在下棋的过程中每一个棋子都关乎着比赛的成败。下棋规则"你一子,我一子"也体现了公平的秩序,人如棋子,每个人都是平等的,这不仅要求幼儿要注重同伴之间的合作,并且要尊重同伴。同时王天呈的研究也指出有关围棋的历史故事也可以成为德育的内容。

以围棋活动促进幼儿品德修养的研究应帮助幼儿从小养成切磋棋艺时要坚持谦逊待人,胜利了不能骄傲,失败了也不可以气馁,而是要恭喜对手,尊重对手的成功。如果在对弈过程中有事需要离开,也有义务告知对方,并请求对方的谅解等。

围棋文化中蕴含了大量和幼儿品德教育相关的内容,它们对促进幼儿良好品德的形成具有重要作用。可见围棋活动及围棋文化中蕴含的德育元素能够成为推动幼儿品德发展的重要教育方式,为幼儿形成良好的品德修养打下良好的基础。

(7) 礼仪。围棋的礼仪表现在下棋过程中的各个方面。具体表现为下围棋时对待对手以及棋局的态度,下棋过程中的言语、行为等。

开局礼仪:在开始下棋之前,长者先猜或者上届冠军先手,技术和段位比自己好的先下棋。围棋中黑棋的第一手棋应当在棋盘上的右上角以表对对手的尊重,对局前下手方(水平低的棋手)应当主动整理棋具。

对局礼仪:在言语方面,对局前应当握手或者点头以表尊重,对局中不能大声喧哗,不催促对手行棋,对局结束时应说声"多谢指教",下棋的时候应当做到下手不能轻视,上手不能畏惧,胜固欣然,败亦可喜。下棋过程中,在行为方面应当做到观棋者不语,下棋者不悔,不能做干扰对手的思考和下棋的行为。

复盘礼仪:需要复盘的话应轻声探讨,不能棋后抱怨。

下棋礼仪:在姿势上,下棋时应当"头正""身正""腿正",要用正确的方法执子,不能玩弄、敲打棋子。

结束礼仪:结束时应当主动整理棋具。

良好的礼仪不仅帮助幼儿将来打造一个良好的外部形象,提高自身的道德素质,对促进国民素质的提高、社会的稳定也起到了重要作用。

(8)哲理。哲理或者说哲学并不高深,古希腊哲学家柏拉图说"哲学产生于惊异"。这种"惊异"源自我们的观察和思考,3—6岁幼儿正是在这样一种始于惊异的思考中,展开他们的思绪,探究万事万物的本来。自幼儿降生的那一天起,就具有一种穷尽一切好奇的探索、探究之心和思考的能力,这是幼儿最初认识世界与自我的一种方式。幼儿有自己的思维,有自己的思想,有自己关于这个世界的困惑及对自己的好奇,这些都是幼儿早期哲学的萌芽。而这些萌芽经过特定教育环境的培育和启发,在将来的某一天就会蓬勃地成长。这种启迪的方式可以理解为酝酿和顿悟。格式塔心理学派的代表人物科勒是这样解释顿悟的:这是通过领悟和发现目标与手段之间的联系来实现问题解决的思维过程。这种思维方式通常发生在利用已有知识、原理解决新问题之中,它是一种突变的过程,某个强烈的偶然因素,仿佛一道电光,使人豁然开朗。对于幼儿来说,尤其是中大班幼儿,围棋着法中映射出的浅显哲理已在幼儿生活游戏中有意无意地显露出些许来。

班固认为,围棋里面包含有天文地理、阴阳五行、治国之道经和明德至善的道理。因此,围棋文化中蕴含了大量的中国式哲理。

吴清源说过:"下围棋要把握好'中',要在下棋过程中做到中庸调和,下好围棋的关键就在于对棋局当前分寸的慎重考虑和对对手意图的猜测和判断。"这一点和中华文化中庸之道不谋而合。所谓中庸,就是要辨明各方立场,时而隐忍不发,时而突击冒进,时而迂回转展,这些都是与中国传统文化精髓相符合。

再如围棋十诀(即不得贪胜、入界宜缓、攻彼顾我、弃子争先、舍小就大、逢危须弃、慎勿轻速、动须相应、彼强自保、势孤求和)中也蕴含了丰富的人生哲理,如:"不得贪胜",告诉幼儿在游戏和生活中注意把握"度"的重要性;"舍小就大",告诉幼儿在困难的抉择中可以简化为大和小的比较;"弃子争先",告诉幼儿不拘小利,争取主动的重要性;"入界宜缓、攻彼顾我",告诉幼儿生活里万事应留有余地的道理;"势孤求和、彼强自保、逢危须弃",告诉幼儿在逆境中应该怎样做;"动须相应",则告诉幼儿任何的成功或胜利绝不是偶尔,没有准备的进攻只会是失败;"慎勿轻速",告诫幼儿对待人事不要轻率。因此,通过对围棋文化中蕴含的哲理的学习可以对幼儿将来的人生观、世界观、价值观的形成产生一定的启发。

(三)《指南》[①]与幼儿文化培养的相关内容

1.《指南》中关于幼儿文化培养的解读

《指南》在语言、社会及艺术这三个领域的目标及教育建议中

---

① 《指南》系《上海市办园质量评价指南》《3—6岁儿童学习与发展指南》的简称。

都提到了如何对幼儿进行文化培养。

(1) 在社会领域中提到了要利用民间游戏、传统节日向幼儿介绍我国的传统文化,向幼儿介绍反映中国人聪明才智的发明和创造,激发幼儿的民族自豪感。

(2) 在艺术领域中指出带幼儿去剧院欣赏文艺表演,带幼儿观看或共同参与传统民间艺术和地方民俗文化活动,理解尊重幼儿的手足舞蹈、即兴表演行为等。在幼儿自主表达与创造的过程中,不做过多干预或把自己的意愿强加给幼儿,在幼儿需要时再给予具体的帮助。了解并倾听幼儿艺术表现的想法或感受,领会并尊重幼儿的创作意图,不简单用"像不像""好不好"等成人标准来评价。

(3) 在语言领域中指出教师需结合具体的情境引导幼儿学会一些必要的交流礼节。鼓励幼儿用故事表演等方式表达自己对图书和故事的理解等。

2.《指南》与围棋文化的对比

《指南》中的文化培养和围棋文化的共性如表2-2所示:

表2-2 《指南》中的文化培养和围棋文化的对比表

《指南》中的幼儿文化培养内容	适合3—6岁幼儿的围棋文化
1. 反映中国人聪明才智的发明创造和民族文化 2. 童谣、故事和诗歌中的文化传统、背景等	1. 围棋、器具、经典棋局、简单的围棋哲理等 2. 围棋礼仪、围棋历史、围棋典故等和围棋相关的诗词歌赋、童谣、儿歌等

表2-2罗列出的《指南》中的幼儿文化培养内容与适合3—6岁幼儿的围棋文化的匹配度非常高,因此本研究是符合《指南》精神的。

(四)儿童剧场活动的发展及立场

剧场是指供演出戏剧、歌舞、曲艺等用的场所。儿童剧场则是以儿童为目标受众的剧院,其场地、设施需符合儿童的使用需求与使用习惯。近年来,随着公共教育的兴起,儿童剧场的教育作用也日益凸显。

1. 国内外儿童剧场活动的兴起与发展

早在 20 世纪 30 年代,国外对儿童戏剧与教育两者关系的研究已兴起。20 世纪初,进步主义教育认为戏剧提供"创造性表达"(Creative Expression)的机会,那时已出现了最有影响力的两项运动,试图将戏剧建立在课程基础上:一项在美国,一项在英国。

美国进步主义教育家温妮菲尔德·沃德(Winifred Ward)是美国儿童剧运动的创始人,在《与儿童开展戏剧制作》一书中首次提出了"创作性戏剧"(creative dramatics)的概念。在英国,则由皮特·斯莱德(Peter Slade)的作品《儿童戏剧》(*Child Drama*)对儿童戏剧运动起到了最重要的推动作用。这两位教育家的观点具有以下相同点:第一,都是有经验的实践者,表达了儿童中心主义的发展教育理论;第二,都清晰表达了以戏剧发挥表现力和创造性力量的目标;第三,都从儿童自然的戏剧性表演为出发点,强调不按照戏剧文本,而是通过即兴表演将故事和多种形式的角色演绎出来。

我国对儿童剧教育的研究最早可追溯到 20 世纪 80 年代,儿童剧刚刚走进儿童生活,零星的论文开始探讨儿童剧与教育的关系,如刘继军(1984)在《儿童剧要适应儿童教育的新形势新特点》

指出,儿童剧的兴起体现了儿童情趣结构的变化、精神文化需求的提高。

近10年,我国陆续兴起对儿童剧与教育两者关系的研究。其中,台中师范学院王静珠教授在介绍儿童剧在台湾地区的幼稚园开展的近况,初步探讨了其促进儿童发展的功能,南京师范大学2005年出版了张金梅的《幼儿园戏剧综合课程研究》,这是国内第一部较为系统讨论儿童剧与幼儿教育的作品。

由此可见,近年来儿童剧场活动的研究热点是从艺术教育、学前教育方面开始探讨如何将儿童剧应用到教育领域的问题。

2. 剧场活动在我国学校实践中的兴起与发展

儿童剧场活动引入我国学校实践之中已有近百年的历史,大致可以分为两个阶段:小众化的剧场活动和逐渐面向全体儿童的剧场活动。

(1) 小众化的剧场活动。在我国演出类儿童剧最早出现于20世纪初的五四运动时期,这种类型的儿童剧一直过于注重演出效果,强调戏剧表演艺术的艺术教育功能,强调类似于成年人的表演排练,抑制了儿童的戏剧创造能力,儿童无法自主选择角色,只能在观众和演员之间做出选择。

儿童剧场活动通常是指儿童在剧场、学校、幼儿园等场所观看专业儿童剧团的演出,接受审美、思想道德等方面的教育,强调培养儿童的戏剧艺术审美方面的能力。但是,20世纪90年代以来,动画片的迅猛发展对儿童剧产生了极大的冲击,儿童剧陷入前所未有的发展瓶颈之中。儿童剧的戏剧教育作用不容忽视,但是为数不多的几个儿童剧团远远不能满足数以亿计的儿童观赏戏剧的需要。同时,演出类的儿童戏剧一般是由教师组织个别表演能力较强的儿童在舞台上表演剧作家创作好的剧本,并不适宜广泛推广应用于教学。

（2）面向全体儿童的剧场活动。我国教育界很少使用"戏剧教育"这一概念,但是我们熟悉的"角色游戏""情景游戏""故事表演"实际上都属于"戏剧教育"的范畴。南京、上海等地区相对其他地区较早在幼儿教育中引入了戏剧教育的理念。2004年,以"快乐学习,健康成长"为主题的儿童戏剧教育国际论坛在上海举行,来自中国、法国、克罗地亚等国家和中国香港、台湾地区的儿童戏剧和教育专家济济一堂,就会议主议题——"儿童戏剧在未成年人思想道德教育中的积极作用"展开了热烈讨论,共同呼吁：让孩子名正言顺地"过家家"。现在,儿童剧场活动已成为幼儿教育一个新的"重心"。

3. 关于儿童剧场活动的不同立场

经过近百年的发展,目前已形成了几种特色鲜明的儿童剧场活动。

（1）注重过程的儿童剧场活动。在这类儿童剧场活动中,教师不是从表演切入,而是通过一个场景开始,与儿童们讨论是什么引向了这一场景,以此建立上下文背景。这一过程需要时间,但是通过这种方式,团队收集了信息,加深了对戏剧的理解,并发展了更丰富和有趣的解读和表演。它强调通过戏剧与剧场环境来学习,而非将戏剧作为一种艺术形式的存在。

（2）注重创作的儿童剧场活动。在这类儿童剧场活动中,戏剧制作在范围和内容上高于表演游戏。它会利用故事的开头、中间和结尾,也会在戏剧扮演中开发、发展、表达观点和感觉。然而,它常常是一种即兴演出。对话由扮演者创作,其素材可以是一个熟知的故事或独创情节。台词是没有写成、无须记忆的。在每一场表演中,故事更为详细和组织化,但它仍然是临时性的,从不为观众而设计。参与者由引导者而非导演指导;引导者的目标是表演者的最佳成长与发展。因此,不论故事表演多少次,它是为了促进表演者的发展,而非完成一个完美的产品。场景和服装在创作性戏剧中并不必要。创作性戏剧表演更加适合5—6岁或更年长的儿童。

(3) 注重体验的儿童剧场活动。这是一种新型的儿童剧场活动,目前教育界较多地将之应用于教学实践之中,如沉浸式双语教学法、沉浸式学习、沉浸式体验等,其主要观点为幼儿不再是被动的接受者,而是作品的参与者或再创作者,它强调主体经验的重要性,幼儿作为观众对作品的接受与参与才最终完成了整个作品。注重体验的剧场活动的积极意义在于,它能解放被动观看的幼儿,调动幼儿的感官并促使其参与到艺术作品的创作之中,而并非只是教师或表演者单方面的行为。

(五) 目前幼儿园剧场活动研究在实践中存在的问题

剧场活动目前在幼儿园实践中大多是以游戏、故事表演、儿童剧的形式开展的。

1. 忽视幼儿的自主表达表现

故事表演是儿童剧场活动的重要形式之一,这类表演通常有一个故事或绘本作为剧本,师幼共同准备演出的服装和道具,幼儿的角色是预先分配好的,在演出中的台词是固定不变的,演出的情节也需按照剧本发展,较少会有幼儿的想象和创造性发挥的空间,属于高结构化的表演,带有较强的仿真性。

2. 过度强调幼儿的表演技巧

近几年很多幼儿园也开始了对剧场活动实践的探索,如上海的金色阳光世博幼儿园、崇明县的莺莺艺术幼儿园、苏州市的北桥中心幼儿园等一批幼儿园将儿童戏剧教育作为园本课程,在园内以兴趣班的形式开设"表演艺术"课,定期组织儿童参加表演、形体等方面的训练,并邀请专业的舞蹈演员来园指导。

由此可见,目前我国的幼儿园剧场活动研究在实践中普遍存在着形式较单一的缺陷,强调幼儿的表演水平和技巧,忽视了幼儿的自主表现。本研究的剧场活动并不追求幼儿精湛的表演和技巧,而是通过围棋文化的熏陶和渗透,逐步培养幼儿的围棋文化素养。

(六) 国内外研究现状述评

1. 剧场活动是培养幼儿文化素养的良好媒介

20世纪50年代初期,美国心理学家埃里克森(Eric Erikson)提出的"文化认同"理论,指一个群体中的成员在民族共同体中长期共同生活所形成的对本民族有意义事物的肯定性评价。文化认同首先需要文化理解,只有理解了才能做到认同,认同之后便可上升至文化自信。围棋文化是诸多文化因素构成的有机系统。围棋文化注重塑造理想人格、提倡气节操守、崇礼仪、重秩序,主张诚实守信、宽容谦让、灵活变化等。这些围棋文化是中华民族传统文化的重要组成部分,是培育幼儿围棋文化基因,提升围棋文化素养必不可少的思想资源。在新时代,必须推进围棋文化的创造性转化和创新性发展。但要让3—6岁的幼儿理解这些抽象的东西是非常困难的,而儿童剧场活动是一个很好的媒介,以一个个生动形象、极具故事性的表演,在情节和台词中,让幼儿通过亲身体验,理解围棋文化、感受围棋文化的内涵,逐步提升幼儿的围棋文化素养。

2. 剧场活动符合3—6岁幼儿的兴趣和需求

通过文献梳理不难发现儿童剧场活动具有以下四个方面的特性：其一，即兴性，在儿童剧的整个表演过程中不存在预设的脚本；其二，非演出性，即儿童剧活动的目的并非愉悦观众，而是为了参与者的发展，活动中没有观众，更没有导演；其三，活动的基本过程是想象、扮演与反思；其四，活动来源是经验，参与者的经验及引导者的经验都是儿童剧场活动的来源。这四个特性均符合3—6岁幼儿的年龄特点及身心发展规律。英国剧场活动的代表人物斯莱德(Slade)在《儿童戏剧》(*Child Drama*,1954)一书中指出，"儿童戏剧是一种使幼儿重获新生、更加快乐的积极活动"。因此，儿童剧场活动应成为儿童教育的有效手段。

3. 围棋文化的传承和创新发展并未得到足够重视

笔者通过文献搜索和梳理发现，共有118篇文献对围棋文化进行过不同程度的研究，其中小学对围棋课程的研究最多且大多集中在围棋的具体教法和课程设置上，注重对围棋着法的教学和学生技能的掌握。高校的课程倾向围棋文化对综合素养的提升上，但相关研究较少，比如《基于围棋文化底蕴的高校围棋人才培养的研究》具体分析了围棋文化对高校学生的影响和培养建议，但该文献中将围棋文化仅定义为围棋棋谱、文学、礼仪、历史等内容，窄化了围棋文化的内涵。中学的围棋课程研究注重围棋文化或精神对校园文化的建设产生的影响，如诸暨市店口第二中学在《围棋校本课程的构建》中指出其课程内涵之一是要构建围棋校园文化，但研究的广度有限，缺乏对围棋文化课程的创新研究。因此我园将儿童剧场活动纳入学校课程建设之中，试图通过"弈go"剧场对3—6岁幼儿进行围棋文化的渗透和熏陶。

第三章
定位:"弈 go"剧场的奠基石

围棋作为我园的特色课程,课题组对此进行了长达20年的实践研究,并通过数轮课题进行了系统深入的探索,目前已形成了围棋游戏特色课程的雏形。在进行第三轮特色课程课题"3—6岁幼儿围棋与游戏融合课程的开发与实践"研究时,我们遭遇了瓶颈:起初我们的围棋剧场是以教师为主体、主导的,幼儿只是被动地接受。教师通过剧场表演、讲故事、看绘本等教幼儿理解、唱念、学做各种各样的道理、围棋礼仪,诸如下棋要一心一意、不能三心二意,观棋不语真君子等。幼儿虽然或多或少学会了基本的礼仪和道理,但对围棋文化并未产生很大兴趣,围棋传统文化对幼儿也未能产生深远影响。因此我们试图解决这样的问题——在围棋文化的传承过程中,如何凸显幼儿的主体性并让幼儿喜爱、理解围棋文化并产生新的"化学反应"呢?因此我们开始了第四轮围棋课题研究"基于围棋文化开展3—6岁幼儿'弈go'剧场活动的实践研究"。

(一) 概念界定

本研究中涉及三个关键词:围棋、围棋文化和"弈 go"剧场活动。

1. 围棋

这是指以黑白两色棋子在方形格状棋盘上开展的策略性两人

棋类游戏,是需要运用逻辑思维和创造思维进行预设、选择、判断、推理的智力活动。

2. 围棋文化

"文化"包含两层含义:一方面文化是人类发展过程中形成的一种社会现象;另一方面文化是一种历史现象。根据文化的定义,本课题认同的围棋文化是指围棋在其历史发展过程中所形成的包括物质财富(包括知识、技巧、环境、名人故事等)和精神财富(包括品德、礼仪、哲理等)的总称。

3. "弈 go"剧场活动

剧场是供演出戏剧、曲艺等用的场所(《现代汉语词典》)。"弈"是中国古代对围棋的称呼,英语中将围棋称为"go"。"弈"与"go"通常为动词,与本研究的价值追求——将偏静态的围棋文化转为动态的剧场活动是相匹配的。此外本研究强调幼儿在活动中的自主表演、积极参与、沉浸体验等动态过程,因此本研究的剧场活动起名为"弈 go"剧场活动。它是指为促进幼儿对围棋中蕴含的优秀文化的感知、理解和喜爱,教师选取适于幼儿沉浸体验、思考互动、自主表演和想象创编的围棋文化元素,并借助音乐、舞蹈、诵读或故事表演等形式,在幼儿园班级、专用室、围棋大剧院、小剧场、教室等场所开展的所有活动的总称。

(二) 研究目标

基于 3—6 岁幼儿身心发展特点,结合本园围棋游戏特色课程开展的现状与问题分析,梳理适合 3—6 岁幼儿的围棋文化内容,开发并实施"弈 go"剧场各类活动,创设富于童趣的校园围棋文化氛围,探索实施"弈 go"剧场活动的形式和策略。

(三) 研究过程与方法

在开展围棋游戏特色课程的数十年研究中,课题组抓住"围棋游戏融合活动""围棋游戏融合课程"这条线有序开展研究,历经三个不同的发展阶段(如图 3-1 所示),通过问题、实践、观察及反思调整不断地推进深入研究。

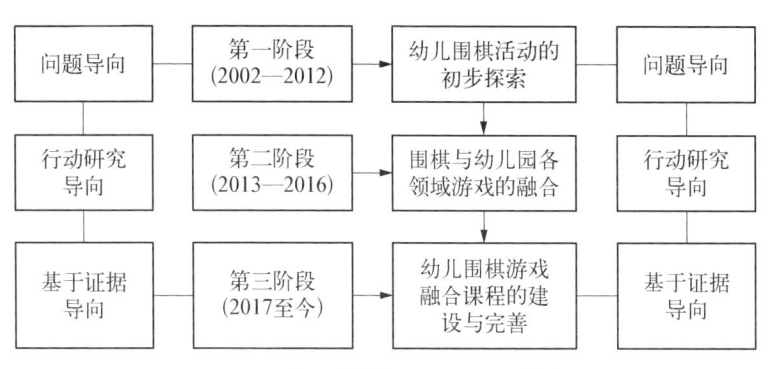

图 3-1 本研究的发展过程及生成基础

显然本研究是进一步完善并丰富我园围棋游戏融合课程的深入研究,主要运用了六种研究方法,实施流程图如下:

1. 文献研究法

在研究的初期、中期我们开展了一系列的教师学习围棋文化相关文献资料及国内外儿童剧、儿童剧场活动等理论,为本研究中筛选适宜开展"弈 go"剧场活动的围棋文化内容、剧场活动的开发设计工具、评价工具等奠定了科学理论基础。

2. 观察法

这一研究方法主要用在了对剧场活动的现场观摩,在研究过

```
                ┌─────────────────────────────────────────────┐
                │ 基于围棋文化开展3—6岁幼儿"弈go"剧场活动的实践研究 │
                └─────────────────────────────────────────────┘
                                      │
          ┌───────────────────┬───────┴────────┬───────────────────┐
          │                   │ 问题的提出      │                   │
          │                   └────────────────┘                   │
    ┌──────────┐                                              ┌──────────┐
    │ 研究目的  │                                              │ 研究方案  │
    └──────────┘                                              └──────────┘
                                      │
                              ┌───────────────┐
                              │  文献综述     │
                              └───────────────┘
                                      │
          ┌───────────────────────────┴────────────────────────────┐
    ┌──────────────┐                                          ┌──────────────┐
    │ 国内研究现状 │                                          │ 国外研究现状 │
    └──────────────┘                                          └──────────────┘
                                      │
                              ┌───────────────┐
                              │ 研究方法与内容│
                              └───────────────┘
                                      │
    ┌──────────┬──────────┬──────────┬──────────┬──────────┐
    │文献研究法│行动研究法│ 访谈法   │ 观察法   │案例研究法│
    └──────────┴──────────┴──────────┴──────────┴──────────┘
```

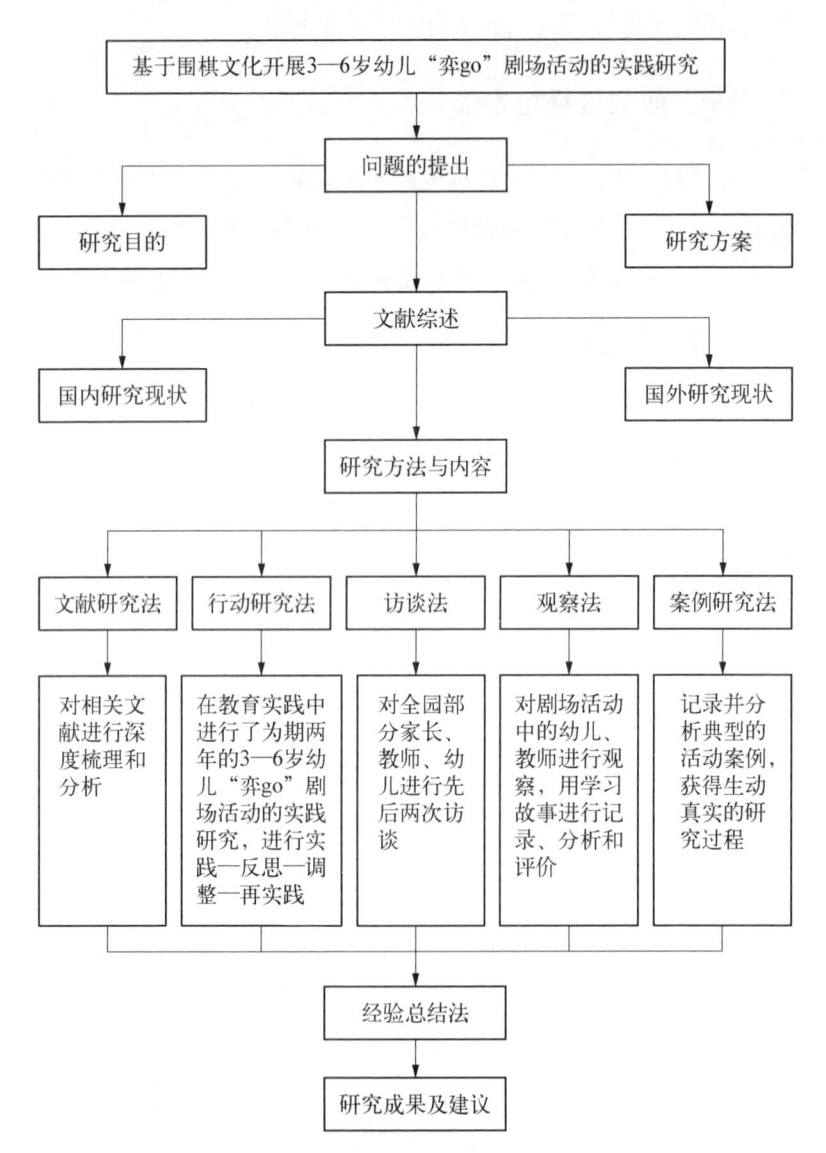

图 3-2　基于围棋文化开展 3—6 岁幼儿"弈 go"
　　　　　剧场活动实践研究的实施流程图

程中研究者将从围棋文化的角度切入,具体包括品德礼仪、历史知识、和谐思想及思维方式,并设计观察表,定期对幼儿的发展变化、行为表现进行跟踪拍摄和记录,研究者将选择本园大、中、小班全体幼儿(371名)作为研究对象,在2020年9月至2022年1月期间,在剧场活动开展时对每个班级随机选取的幼儿进行了15至30分钟的持续观察(录像和现场观察),并引导教师根据小中大班的观察要点表获取了幼儿在"弈go"剧场活动中的各类具体行为表现。在整个观察的过程中保证幼儿均获得了相等的被观察机会和时间,并进行了相应的记录、总结和分析。梳理"弈go"剧场活动形式、策略等,全面地分析、解读幼儿在不同"弈go"剧场活动中的行为特征和表现,以此透视"弈go"剧场活动的开展对培育幼儿围棋文化素养产生了何种影响。

3. 访谈法

研究者编制了访谈提纲,在研究之初期及后期分别对家长、教师及幼儿进行了电话访谈和直接访谈,一是了解我园幼儿围棋文化素养的现状及问题,为"弈go"剧场活动的开展指明方向;二是作为观察法的补充,弥补在观察时幼儿可能未表现出预期行为的问题,进一步了解围棋文化在"弈go"剧场中的实际渗透状况及"弈go"剧场活动存在的问题等。

4. 行动研究法

这一方法主要推动了课题的实践,课题组将大、中、小班的"弈go"剧场活动方案投入课题实践之中,边实施边研究,努力发现、分析、解决问题并总结经验,不断完善课题的实践内容。这一方法促进了如何将围棋文化适当适宜地融入各类"弈go"剧场活动、环境创设之中的实践研究。

5. 案例研究法

在研究过程中教师通过记录并分析典型的真实案例,以"学习故事"为手段生动地获得了课题实践研究的总体认识。选取了一些典型的"弈 go"活动案例(学习故事)进行了探讨,以呈现更为直接的理解渠道,更具体直观地、充分地佐证课题的研究与实践。

6. 经验总结法

在研究过程中及时运用经验总结法分析、梳理、总结并提炼了实践经验,如"弈 go"剧场活动的特征、指导方法及策略,积累了幼儿感兴趣的"弈 go"剧场剧本、环创等素材,并形成了 3—6 岁幼儿"弈 go"剧场活动方案集。

(四)"弈 go"剧场活动的内容

为了精准地筛选出适合 3—6 岁幼儿开展"弈 go"剧场活动的围棋文化内容,课题组首先要了解我园幼儿的围棋文化素养现状及存在的问题,在此基础上根据幼儿的身心年龄特点锁定"弈 go"剧场活动的内容。

1. 我园幼儿围棋文化素养的现状调查分析

(1)访谈目的。我园在数十年的实践及研究中逐步形成了特色课程——围棋游戏融合课程,课题组一直致力于探索如何将特色课程的内容融合在幼儿的一日生活之中,为了解和分析我园幼儿围棋文化素养的现状及存在的问题,课题组对部分家长及全体教师进行了访谈。

(2)访谈提纲的编制。本次调研内容主要分为四个方面,包括:家长及教师对围棋游戏融合课程的了解程度、对课程开展的态度、课程对幼儿的影响及对完善课程建设的建议(如表3-1所示)。访谈提纲具体内容详见附录二,访谈提纲共8题。

表3-1 访谈提纲主要涉及的内容

访谈提纲题号	主要涉及的方向
1、2	品德礼仪
3、4	历史知识
5、6	和谐思想
7、8	思维方式

(3) 访谈的实施:

① 访谈对象的选取。本研究采用目的性抽样选取受访对象。即按照研究的目的抽取能够为研究对象问题提供最大信息量的研究对象[①]。选取此种抽样方式,期望对研究问题获得比较深入和细致的理解与解释。本研究选取了我园全体教师27位(见表3-2);随机抽取了每个班级2名家长(12个班级),共24位家长(见表3-3);随机抽取了每个班级2名幼儿(12个班级),24位幼儿(见表3-4)作为访谈对象。抽样的同时兼顾到访谈对象的职称、年龄、性别、教龄等特征,为遵循科研道德规范,所有受访者的姓名均用字母和数字代替。访谈采用个别访谈,教师采用面对面访谈,家长采用面对面访谈、电话、语音及视频多种访谈形式。

---

① 陈向明.质的研究方法与社会科学研究[M].北京:教育科学出版社,2000:103.

表 3-2　受访教师信息表

教师编号	所带班级	教龄	学历	职称	职位
T1	大班	30年	本科	一级	教师
T2	大班	7年	专科	二级	教师
T3	大班	3年	本科	未评	教师
T4	大班	27年	专科	一级	教研组长
T5	大班	11年	本科	二级	教师
T6	大班	16年	本科	一级	项目组长
T7	大班	22年	本科在读	一级	教师
T8	大班	8年	本科	一级	教师
T9	中班	13年	本科	一级	教研组长
T10	中班	4年	本科	未评	教师
T11	中班	16年	本科	一级	教师
T12	中班	3年	本科	未评	教师
T13	中班	25年	本科	一级	环境组长
T14	中班	12年	本科	一级	项目组长
T15	中班	11年	本科	二级	教师
T16	中班	6年	本科	未评	教师
T17	小班	9年	研究生	一级	科研主任
T18	小班	13年	本科	一级	信息组长
T19	小班	13年	本科	一级	教研组长
T20	小班	12年	本科	二级	教师

续 表

教师编号	所带班级	教龄	学历	职称	职位
T21	小班	26年	本科	一级	教师
T22	小班	28年	本科	一级	教师
T23	小班	7年	本科	二级	教师
T24	小班	19年	本科	一级	教师
T25	管理层	31年	本科	一级	校级领导
T26	管理层	33年	本科	一级	保教主任
T27	管理层	32年	本科	高级	校级领导

表3-3 受访家长信息表

家长编号	性别	年龄	学历	孩子所在班级
P1	男	36岁	本科	大班
P2	女	29岁	专科	大班
P3	女	37岁	本科	大班
P4	男	65岁	本科	大班
P5	女	40岁	研究生	大班
P6	男	39岁	研究生	大班
P7	男	31岁	本科	大班
P8	女	36岁	本科	大班
P9	男	39岁	在读研究生	中班
P10	女	34岁	本科	中班

续　表

家长编号	性别	年龄	学历	孩子所在班级
P11	女	44岁	硕士	中班
P12	男	68岁	专科	中班
P13	女	39岁	本科	中班
P14	男	37岁	专科	中班
P15	男	34岁	专科	中班
P16	女	62岁	本科	中班
P17	男	38岁	专科	小班
P18	女	34岁	本科	小班
P19	男	44岁	研究生	小班
P20	女	38岁	本科	小班
P21	女	42岁	本科	小班
P22	女	33岁	研究生	小班
P23	女	41岁	本科	小班
P24	男	36岁	专科	小班

表3-4　受访幼儿信息表

幼儿编号	性别	年龄	访谈时间	所在班级
C1	女	3岁4个月	午餐后	小班
C2	男	4岁5个月	午餐后	小班
C3	女	3岁9个月	自由活动	小班

续 表

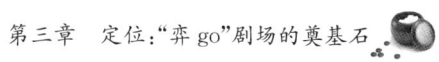

幼儿编号	性别	年龄	访谈时间	所在班级
C4	男	4岁1个月	自由活动	小班
C5	女	4岁1个月	午餐后	小班
C6	男	3岁5个月	午餐后	小班
C7	男	3岁10个月	游戏后	小班
C8	女	3岁5个月	游戏后	小班
C9	男	4岁	游戏后	中班
C10	女	4岁7个月	游戏后	中班
C11	女	4岁5个月	自由活动	中班
C12	男	5岁2个月	自由活动	中班
C13	女	4岁11个月	午餐后	中班
C14	男	4岁9个月	午餐后	中班
C15	男	4岁6个月	自由活动	中班
C16	女	5岁1个月	自由活动	中班
C17	男	5岁11个月	自由活动	大班
C18	女	5岁9个月	自由活动	大班
C19	男	6岁	午餐后	大班
C20	女	5岁10个月	午餐后	大班
C21	男	5岁7个月	午餐后	大班
C22	女	6岁2个月	午餐后	大班
C23	女	5岁11个月	午餐后	大班
C24	女	6岁1个月	午餐后	大班

② 访谈的过程。访谈过程中课题组尊重受访者的表达方式和习惯,通过营造安全和宽松的氛围鼓励受访者发表自己的看法。访谈者同时以积极的身份参与其中,通过适时的追问和与受访者的互动,获得对研究问题的理解与建构。访谈教师时间一般在 15 分钟左右,访谈家长的时间一般在 20 分钟左右,访谈幼儿的时间一般在 10 分钟左右,同时以受访者表达的意愿和具体情况灵活决定,访谈结束后研究者向受访者表示谢意。

(4) 调研结果。访谈者借助录音、纸笔等对访谈的第一手信息、数据等进行整理,调查结果如下:

① 幼儿对围棋礼仪的了解较丰富,但多数停留在模仿的层面。

礼仪	比例
开局礼仪	93.33%
落子无悔	40%
谦虚	42.67%
对局礼仪	52%
落子礼仪	55%
结束礼仪	85.33%

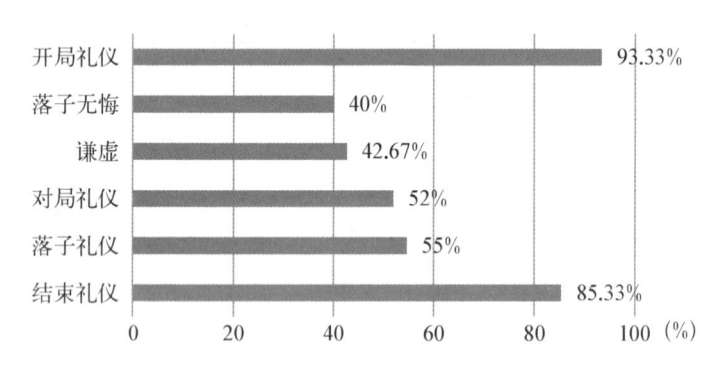

图 3-3 幼儿围棋品德礼仪罗列内容及提及频次的调研结果

通过访谈发现,被访谈的全体教师、幼儿及多数家长(87.5%)均表示幼儿对围棋品德礼仪了解较丰富,较多地提到了以下几种围棋品德礼仪:开局礼仪(93.33%)、结束礼仪(85.33%)、落子礼仪(55%)、对局礼仪(52%),以及下棋要谦虚(42.67%)、落子无悔(40%)等。

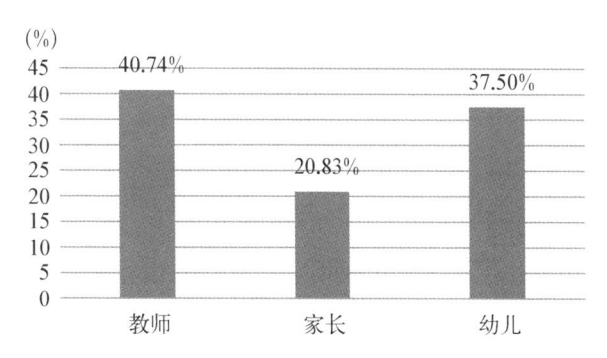

图 3-4 幼儿围棋品德礼仪行为表现频率的调研结果

在了解幼儿对围棋礼仪的具体行为表现时,访谈者发现幼儿往往能说出围棋礼仪,但较少表现出此类行为。仅有 40.74% 的教师表示能在围棋学堂或是教师强调示范时能看到幼儿表现出相应的模仿行为,而在平常的围棋游戏活动中,较少会看到幼儿主动表现出围棋礼仪行为。20.83% 的家长表示在家中和幼儿对弈时,经家长的提醒或带动能看到幼儿表现出围棋礼仪行为,37.5% 的幼儿能在访谈者的图片或语言提示下较流畅地做出相应的围棋礼仪行为。

② 幼儿对围棋的历史知识了解较片面,且较少出现自主表达表现的行为。

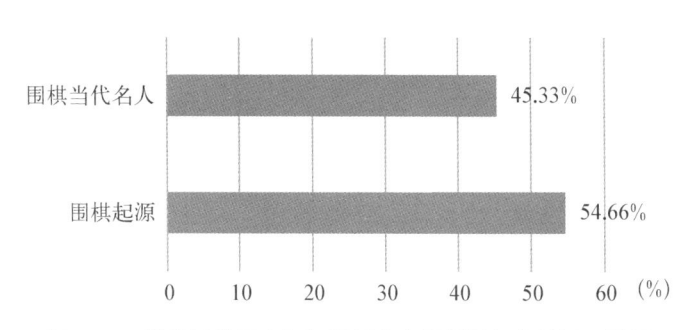

图 3-5 幼儿围棋历史知识举例内容及提及频次的调研结果

在访谈中发现幼儿对于围棋历史知识的了解大多集中在两大板块：围棋起源和围棋当代名人。如图3-5所示，围棋起源在访谈中约有54.66%的被访谈者提及，且大多集中在围棋对弈好比两军对战，围棋是中国人发明创造的等。访谈中教师、家长及幼儿还较多地提及了几位当代围棋名人，如陈祖德、聂卫平、柯洁等，个别幼儿还提到了人工智能阿尔法围棋（AlphaGo）。

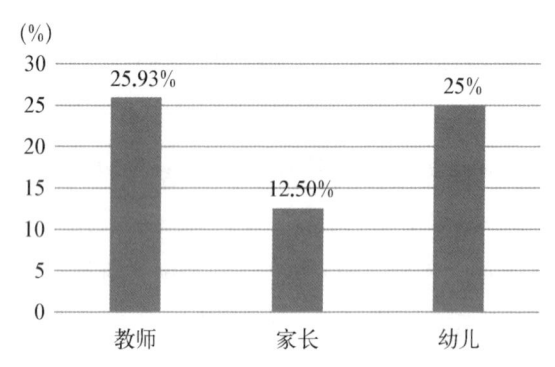

图3-6 幼儿围棋历史知识行为表现频率的调研结果

在了解幼儿对围棋历史知识能否主动表达时，只有约1/4的教师（25.93%）表示班级少数幼儿在特定的情境中能和同伴、老师主动说出自己知道的围棋历史知识，虽然能说清楚故事的主要内容，但缺乏自己的思考和理解。12.5%的家长表示偶尔能听到幼儿谈论自己崇拜的围棋大师，如聂卫平、柯洁等，表达自己想要赢棋的期望。访谈者在和幼儿交流时发现1/4幼儿能在图片、书的提示下说围棋历史故事。

③ 幼儿对围棋和谐思想有一定了解，但在理解和运用上比较困难。通过访谈发现，幼儿对围棋中蕴含的和谐思想有一定

的了解,被访谈的教师、家长及幼儿都较多的提及了舍小就大(85.33%)、逢危须弃(78.67%)、不得贪胜(65.33%)、彼强自保(42.67%)及弃子争先(22.67%),部分教师表示这些和谐思想幼儿都有一定的了解主要是因为幼儿在围棋对弈中、围棋游戏中较多地会运用到类似的思想。个别家长表示这些是幼儿在幼儿园经常学到的内容。幼儿表示这些语句是老师日常教围棋的时候经常会说到的。

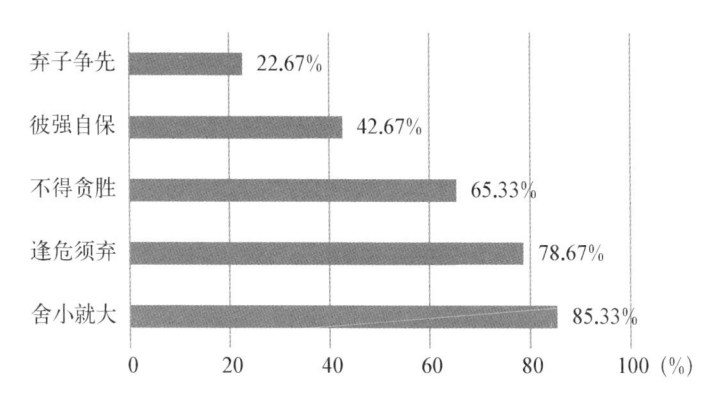

图3-7 幼儿和谐思想举例内容及提及频次的调研结果

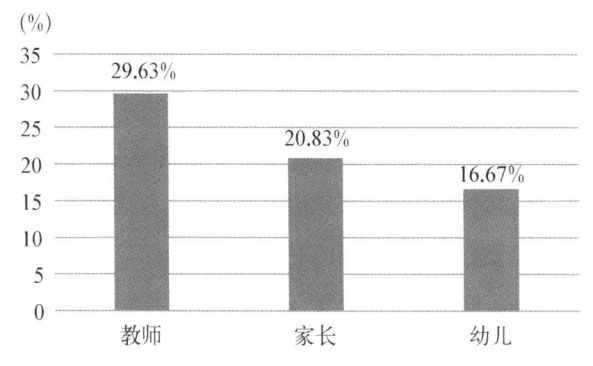

图3-8 幼儿对和谐思想理解运用的调研结果

在对和谐思想的运用上,约 1/3 的教师(29.63%)表示班级个别幼儿能有意无意地运用在对弈中,较少观察到幼儿会在游戏生活中加以运用。20.83%的家长表示幼儿偶尔会说起围棋和谐思想的个别字词,但停留在记忆层面,难以解释其涵义。16.67%的幼儿在访谈者的帮助下能说出一些和谐思想背后的含义,但不清楚自己能否将其运用在游戏、生活之中。

术语	百分比
倒脱靴	9.33%
眼	22.67%
征子	25.33%
枷锁	30.67%
双打	70.67%
打吃	81.33%
数气	89%
包围	98.67%

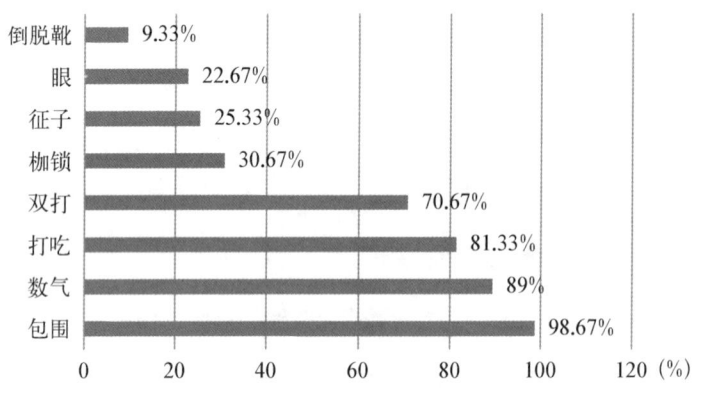

图 3-9 幼儿思维方式举例内容及提及频次的调研结果

④ 幼儿受到了围棋思维方式的影响,但在迁移应用能力上有待提高。在访谈中,不论是教师、家长还是幼儿,在说到围棋基本规则时都列举了很多围棋术语或基本规则,如包围(98.67%)、数气(89%)、打吃(81.33%)、双打(70.67%)是被提及最多的词语。访谈幼儿的过程中,这些术语不需要访谈者提示,幼儿均能对其加以一定的解释。而枷锁(30.67%)、征子(25.33%)、眼(22.67%)、倒脱靴(9.33%)这几个术语教师提及最多,其次为家长,中大班幼儿。其中教师表示幼儿对于围棋术语、规则技巧掌握得普遍较好,这些内容每周一次的围棋学堂中都会学到用到,其次每日个别化

中的围棋童谣数字媒体软件中也系统化地罗列了相关内容。家长提及了幼儿学围棋最先掌握的就是围棋术语和对弈规则,对于这些内容幼儿印象深刻。

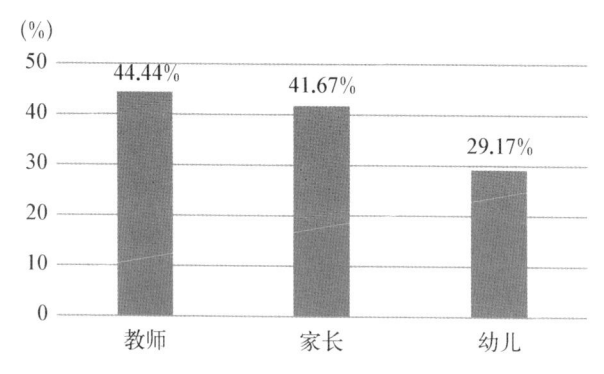

图 3-10　幼儿围棋思维方式运用的调研结果

通过访谈发现,44.44%的教师表示在日常观察中有时能看到少数幼儿将围棋的思维方式运用在对弈、围棋游戏中,但对日常生活的迁移和运用幼儿普遍缺乏这样的主动意识,往往要经过教师的"点拨"才能理解围棋思维可以应用在其他领域。41.67%的家长表示偶尔能观察到幼儿对生活中的某一现象用围棋方法来命名,如"它被包围了,马上要没气了",但往往这种情况幼儿会出现"认死理"的现象,难以灵活变通。在与幼儿的访谈中发现,29.17%的幼儿(主要为大班幼儿)对于围棋思维方式理解较为深刻,在访谈者的提示下,能回忆举例说清楚围棋思维可以运用在哪些情境之中,而小、中班幼儿对于围棋思维方式的理解仅限于棋盘上的对弈。

(5) 调研讨论与分析:

① 幼儿围棋文化素养的整体状态不佳,亟须开发开放性、低

结构的围棋活动。我园开展围棋课程研究的目的之一是通过围棋蕴含的文化(礼仪、哲理、历史、名人事迹、诗词歌赋、经典棋局、情趣智育等),促进幼儿智力和非智力因素的发展,并对幼儿未来的人生产生积极影响。从访谈结果来看,不论从教师、家长对幼儿行为表现的描述来看,还是从访谈中幼儿的表现来看,幼儿对围棋文化的表达表现都比较少,大多数幼儿几经提示才能说出相应的内容,可见幼儿的围棋文化素养并不扎实。访谈中教师、家长和幼儿涉及点、面最丰富的是围棋品德礼仪(共提到六项)和围棋思维方式(共提到八个),然后是围棋中的和谐思想(共提到五种)、涉及最少的是围棋历史知识,仅两项。可见幼儿围棋文化素养的整体结构不均衡,围棋历史知识最为薄弱。在访谈中发现幼儿对于围棋文化本身的兴趣还未被唤起,幼儿活动的主动性明显不够,因此我园亟须开发更具开放性的、低结构的围棋活动——"弈 go"剧场活动。

②"弈 go"剧场活动的内容选择和设计要考虑兼容性及综合性。对于围棋文化的传承,在访谈中所有的家长及教师均表示品德礼仪、历史知识、和谐思想和思维方式这四方面都很重要,缺一不可。若想幼儿达到这四个方面的均衡发展,这就要求我们在"弈 go"剧场的内容选择、活动设计上中要注意到每一个具体活动内容的兼容性和综合性,根据前期文献梳理,本研究将围棋文化分为两类:物质文化(知识技巧、环境、名人故事)和精神文化(品德、礼仪、哲理),不断补充"弈 go"剧场活动的围棋文化内容,并兼顾各领域内容的均衡。同时在开发"弈 go"剧场活动时不仅要注意活动内容上尽可能地包含围棋物质和精神文化两方面,还要在活动目标设置上考虑到品德礼仪、历史知识、和谐思想及思维方式这四

方面。

③ "弈go"剧场活动的实施必须注重幼儿的亲身体验。在访谈中发现幼儿对于围棋文化的理解还停留在表层,且多是受到了关联度最紧密的围棋活动的外部驱动。然而这些活动虽然帮助幼儿简单地识记了围棋文化内容,但这些内容往往没有真正被幼儿内化理解,一旦离开了关联度最高的围棋活动本身,幼儿所了解的围棋文化就无"用武之地"了,更不用提将围棋文化的精髓灵活运用在日常生活之中。因此,在"弈go"剧场活动的实施中必须要注重幼儿的亲身体验,通过创设环境幼儿的感官、情绪、动作等,调动幼儿的活动兴趣,引发幼儿积极主动地参与"弈go"剧场活动,将围棋文化融入幼儿自主自发、亲身体验、思考互动、想象创造的剧场活动之中。

因此,基于以上三点问题,本研究将研究重心落在了如何筛选、锁定适合3—6岁幼儿的围棋文化内容,"弈go"剧场活动的设计开发、实施及评价上。

2. 基于幼儿身心特点筛选适宜的围棋文化内容

(1) 3—6岁幼儿身心发展特点

由于3—6岁幼儿的身心发展较快,幼儿在感知觉、注意力、社会性和逻辑思维等方面表现出的身心特点各有不同(详见表2-1)。

(2) 适合3—6岁幼儿"弈go"剧场活动的围棋文化内容

在前期文献梳理、访谈调查以及3—6岁幼儿身心发展特点的基础之上,筛选出了适合3—6岁幼儿的围棋文化内容(详见表3-5)。

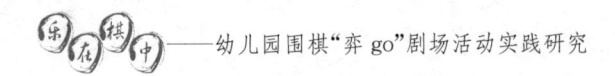

表 3-5 适合 3—6 岁幼儿"弈 go"剧场活动的围棋文化内容

年龄段\文化内容	物质文化			精神文化	
	知识、技巧	环境	名人故事	品德、礼仪	哲理
小班	交叉点、星位(天元)、气、包围	围棋盘、棋具围棋礼仪示范、小剧场环境	《骄傲的大狮子》《三心二意的小猫》《多舌的小鹦鹉》《粗鲁的小猴》	下棋礼仪("头正""身正""腿正"),执子礼仪	黑白棋子、方圆造型(棋子圆棋盘方)、纵横交错的棋盘
中班	打吃、双吃、提子	围棋名人、围棋生活、温馨典雅的对弈环境、小剧场环境	《尧造围棋》《常胜将军》《杨靖与猴弈》《握中一子》;幼儿围棋故事	开局礼仪、对局礼仪(不聊天,不打断对手,不能玩弄、敲打棋子)、结束礼仪	舍小就大、逢危须弃、彼强自保、势孤求和
大班	长气、紧气、征子、活棋、死棋	经典棋局、围棋秀剧场	智存毛驴、观棋烂柯、专心致志、当局者迷,旁观者清;幼儿围棋故事	静坐礼仪、复盘礼仪(需要复盘的话应轻声探讨,不能棋后抱怨)	不得贪胜、入界宜缓、攻彼顾我、弃子争先、慎勿轻速、动须相应

第四章
新生：围棋文化里的大世界

传统的幼儿剧场活动往往是这样的：如特定的主题和时间、一定规模的场地及角色、演员、一成不变的剧本等，并通过专业表演老师的指导及小演员们不断的排练，最终以一个精致的演出来为整场剧场活动画上圆满的句号。而"弈 go"剧场活动则突破了传统幼儿剧场活动的种种限制，它基于幼儿的年龄特点，挖掘适合幼儿的围棋文化内容，打破剧场活动的传统形式和内容，和幼儿共同创造一个全新的围棋文化"大世界"，即一个开放的、低结构的剧场活动，将围棋文化渗透在其中，在教师的有力支持下，幼儿自主选择内容并自导自演，通过幼儿的直接参与剧场活动让幼儿逐渐喜爱、理解围棋文化。

（一）"弈 go"剧场活动的特征

"弈 go"剧场活动不是盲目、自发的活动，它既具备剧场活动的典型特征，又是一种创新式活动，具备以下几个特征：

1. 预设和生成相结合

预设和生成相结合是在整个"弈 go"剧场活动既有教师预设成分的同时，又有幼儿生成的部分，"弈 go"剧场活动中教师的组织与指导发挥着重要作用，教师预设不仅能有目的有计划地提升幼儿某方面能力，还能将幼儿的兴趣和创想有效地拓展到围棋文化的方方面面。

同时教师尊重并鼓励幼儿的想象和创造,支持幼儿在开放的环境中欣赏自己的创意,初步形成表演意识。引导幼儿在想象的基础上进行合理创编,并将之投入剧场活动中去。以大班"弈 go"剧场活动——"围棋博物学"为例,它的诞生既有教师的预设,也有幼儿的生成(如表 4-1 所示)。

表 4-1 大班"弈 go"剧场活动——"围棋博物学"

以教师预设为主	以幼儿生成为主
1. 教师鼓励幼儿参观、了解"博物馆"	1. 问题:有没有专门的围棋博物馆呢
2. 教师引导幼儿梳理"博物馆"的功能、结构、内容及特点	2. 思考:我们想打造一个围棋博物馆,里面除了围棋还能放哪些东西呢
3. 教师引导幼儿收集围棋博物馆的资料	3. 分享与展示:我设计的围棋博物馆
4. 教师和幼儿共同设计"围棋博物学"并进行道具制作、材料收集、环境创设(大四班教室)等	4. 创造:围棋博物学里有围棋讲坛(围棋起源)、轻松互动剧(智存毛驴)、围棋机器人演示、小黑小白历险记(棋子的演变过程)等

"围棋博物学"剧场活动的诞生受到了 STEM 项目式学习的启发,并参照了 STEM 项目式学习的基本框架,其主要流程为:由幼儿的兴趣引出问题——博物馆里藏着许许多多有趣的东西,那有没有专门的围棋博物馆呢?(教师鼓励幼儿参观、了解"博物馆"),幼儿进一步讨论和思考——我们该如何打造一个有趣的围棋博物馆呢?(教师引导幼儿梳理"博物馆"的功能、结构、内容及特点)。幼儿分享和自我展示——我设计的围棋博物馆,它有……(教师引导幼儿收集围棋博物馆的资料)。幼儿的创造与表演——

围棋博物学里的各类展示和表演（教师和幼儿共同设计"围棋博物学"并进行道具制作、材料收集、环境创设等）。

"弈 go"剧场活动中教师的组织与指导发挥着重要作用，体现在：（1）协助幼儿有计划有目标地建构"弈 go"剧场活动；（2）记录下幼儿创意表演的精彩过程，进行初步剧本化尝试；（3）给予幼儿肯定并提供相互展示和学习的机会；（4）将幼儿的创作想象从逻辑上进行梳理和合理化，辅助幼儿将有关围棋文化的兴趣、理解、想象及创造向剧场活动转化；（5）给予幼儿大量自我回顾、自我反思的空间，将过程中的一些核心问题以话题讨论等方式呈现出来，帮助幼儿构建合作化学习情境，形成同伴间良好的互动机制。

2. 舞台和环境相融合

舞台和环境相融合是指每一个"弈 go"剧场活动都必须有舞台这一元素，舞台为幼儿提供了表演、展示、交流的空间和平台，同时它也是剧场活动的典型特征。考虑到幼儿园本身环境的特点及幼儿的兴趣和需求，"弈 go"剧场中的舞台具体形式有别于传统意义上的舞台，既有一般意义上的正式舞台和剧场，同时也有融入各类环境的常态化舞台，且这类融入各类环境的常态化舞台形式是"弈 go"剧场活动的主要舞台形式。这类融入环境的舞台有的是可移动的、有的是易搭建的、有的是常变化的还有原生态的……

如中班的"弈 go"剧场活动——"动物小剧场"就充分体现了舞台与环境相融合的特点。"动物小剧场"最初的舞台是在教室的区角里（如图 4-1 所示），幼儿只需几把小椅子，一张小桌子就围成了一个小小的舞台。随着"动物小剧场"活动的深入发展，小舞台也在发生变化，幼儿开始关注剧场表演内容和舞台本身的契合性了，他们开始将小舞台转移到阳台上（如图 4-2 所示），并提

图 4-1 教室里的"动物小剧场"舞台

图 4-2 阳台上的"动物小剧场"舞台

出了更多的想法：如我们希望舞台能更漂亮、更大一些；古人席地而坐是什么样的感觉？蒲团是什么样子的？坐在蒲团上怎么践行围棋礼仪呢？于是在老师、家长的帮助下，幼儿的小舞台里的东西越来越多：有大树、草地、小房子……一段时间之后，幼儿又提出了将森林剧场舞台搬到学校的小花园里，请小班弟弟妹妹来观看表演，于是真正的小森林剧场舞台就这样诞生了（如图4-3所示）。

图4-3 小花园里的"动物小剧场"舞台

图4-4 可移动的"弈go"小剧场舞台

47

3. 表演和体验相结合

表演和体验相结合是指"弈 go"剧场活动要根据幼儿的身心特点，围绕幼儿的兴趣经验，注重幼儿对围棋文化的直接感知、感悟和亲身体验，并在此基础上引导和支持幼儿进行自主表演。

有别于其他形式的剧场活动表演，"弈 go"剧场活动的目的是帮助幼儿喜爱、理解和认同围棋文化，提升幼儿的围棋文化素养，而表演是剧场活动的一般特征。如何将表演和提升围棋文化素养这二者有机结合起来呢？幼儿的思维特点决定了亲身体验是幼儿学习的最佳方式，因此"弈 go"剧场活动的特征之一是将表演和体验相结合，进而帮助幼儿喜爱和理解围棋文化。

由于幼儿年龄小，对于理解传统典故的内容比较困难，主要是因为传统典故有着特定的生活环境、历史背景等，而这些对于3—6岁的幼儿来说缺乏直观体验和感受，因此在"弈 go"剧场活动中就必须提供类似的环境和时机帮助幼儿体验传统文化的历史背景和相关习俗。

在围棋起源相关的"弈 go"剧场活动中，通过沉浸式体验、服装道具、环境创设、专项活动等帮助幼儿直观感受、亲身体验围棋典故中主人公的生活环境和历史背景。如在《尧造围棋》的典故剧场中，幼儿通过沉浸式体验，和剧中的主人公对话、互动，感受古代的生活环境（席地而坐），体验古代的娱乐活动（舞剑）。再如在"弈 go"剧场活动中幼儿会穿上不同朝代的传统服饰，以此进一步了解古代人的生活环境、习惯和风俗。除此之外，每学期的围棋文化嘉年华活动中还设有专门让幼儿体验操作的中国传统活动——琴、棋、书、画。

第四章 新生：围棋文化里的大世界

图 4-5 沉浸式的剧场活动体验

图 4-6 幼儿体验琴、棋、书、画

图 4-7 剧场中的环境、服饰、道具体验

(二)"弈 go"剧场活动的开发

课题组引领教师参与"弈 go"剧场活动方案的设计与调整,根据班级幼儿的年龄特点及班级幼儿的整体发展水平、兴趣、需求等,最终确立了12个不同的剧场活动方案,并选择了剧场活动的主要形式,包括了大、中、小三个年龄段,详见表4-2所示。

表4-2 3—6岁幼儿的剧场活动方案及形式

年龄段	剧场活动名称	主要形式	依 据
小班	花园小剧场	沉浸式、互动式	小班幼儿视觉敏锐度较弱,适合观看大图或醒目的标识等,容易被鲜艳的颜色、动物造型吸引,喜欢接触具体形象、生动活泼的环境。学习方式以模仿为主,能在环境的潜移默化中习得简单的礼仪
	森林小剧场	沉浸式、互动式	
	巡回互动秀	互动式	
	阳光大舞台	互动式	
中班	围棋"嘎汕胡"	互动式	中班幼儿有意注意的时长有所延长,但仍会不自主地被新鲜事物吸引。能通过具体的场景、事例进行思考,理解良好品德的意义,并在理解的基础上习得基本礼仪。中班幼儿尚未形成思维定势,会提出浪漫、大胆、出人意料的奇思妙想
	棋艺社	想象式、互动式	
	围棋直播间	互动式	
	围棋礼仪秀	沉浸式、互动式	
大班	曲苑杂坛	想象式、互动式	大班幼儿注意的分配能力有所提高,对熟悉的内容可以同时操作,如边唱边跳等。能关注并评价他人的品德礼仪表现,并有意识地对自己的品德礼仪加以调整。大班幼儿逻辑思维萌发,有意想象占主要地位,创造性想象开始发展
	围棋博物学	沉浸式、互动式	
	棋凌*小剧场	想象式、互动式	
	棋凌剧院	想象式、互动式	

* 凌指西凌第一幼儿园。

根据各年龄段幼儿的身心发展特点,小班以沉浸式剧场为主,为幼儿打造围棋剧场沉浸活动方式,让幼儿沐浴在剧场中,身临其境感受了解体验围棋文化。中班是沉浸式与互动式剧场为主,让幼儿在围棋文化的场景中,收集围棋学习中的趣事,和同伴一起用图画或简单的符号,来分享各自理解的围棋文化。大班则以互动式和创造式剧场活动为主,让幼儿尝试打造属于自己的围棋文化,凸显幼儿的创造性。

除此之外,课题组还研发了师幼共同参与策划的全园大型活动——围棋文化嘉年华活动,在围棋嘉年华活动中既有沉浸式,也有互动式、想象式的"弈 go"剧场活动。

1. "弈 go"剧场活动方案的设计工具

根据幼儿的年龄特点,课题组将围棋文化分类归纳并和"弈 go"剧场的活动形式进行了初步对接,以便为教师在实践中指明方向。一方面我们根据前期特色课程的研究经验及成果对围棋文化进行了深挖掘和再解读,试图在"弈 go"剧场活动中融入更为丰富的围棋文化,将围棋文化的精神传递给每一个幼儿;另一方面,我们也根据幼儿的兴趣点,并结合各年龄段幼儿的身心特点对"弈 go"剧场活动方案进行开发,并形成了活动方案的设计工具(如表 4-3 所示):

表 4-3 3—6 岁幼儿"弈 go"剧场活动方案设计工具

方案涉及的主要板块	具 体 内 容
活动来源	介绍活动的背景,从幼儿的兴趣、经验和关注点出发,围绕幼儿的某一兴趣或某围棋文化素养内容(品德礼仪、历史知识、和谐思想、思维方式)进行探索挖掘,引出本活动方案的主题及设计思路

续　表

方案涉及的主要板块	具 体 内 容
指向的围棋文化内涵及其价值分析	将本活动方案的主题、形式和围棋文化内容进行科学对接,围棋文化包含物质文化(知识、技巧、环境、名人故事等)和精神文化(品德、礼仪、哲理等),剖析本活动方案的围棋文化内涵及教育价值(可从幼儿身心发展、围棋文化两方面分析)
活动目标	包含围棋文化培养目标及幼儿发展目标
具体安排	以一个学期为最长期限,每阶段具体的时长根据每阶段的活动内容、难度进行安排和调整。四个阶段是环环相扣、小步递进、逐渐丰富的过程
活动内容	这个板块包括两方面内容: 1. 每个阶段(起始时间段,可以周、月为单位,前后时间单位注意统一) 2. 内容:可描述本阶段的主要活动内容安排、活动流程及不同的实施方法、指导方法等

"弈 go"剧场活动方案的设计工具主要包括五个板块:活动来源、指向的围棋文化内涵及其价值分析、活动目标、具体安排及活动内容。设计工具的开发目的是为老师的"弈 go"剧场活动方案设计指明方向,达成研究思想上的统一。同时设计工具也在教师设计的过程中起到了"脚手架"的作用,帮助教师更好地开发、设计"弈 go"剧场活动方案。

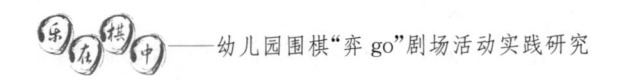

在"弈 go"剧场活动方案初稿形成之后,课题组将各年龄段的活动方案投入实践中,通过不断地反思、修改、调整和再实践建立起了一套较完整的 3—6 岁幼儿"弈 go"剧场活动的方案集,当中既有以班级为单位的剧场活动方案,又有以年级、园级为单位的剧场活动方案,每个活动方案都明确地指出了其所蕴含的围棋文化及育人价值(见附录一)。

因此在"弈go"剧场活动方案的开发设计中,课题组通过园级层面的大活动、年级层面的交互活动及班级自主策划的剧场小活动来逐步实现围棋文化的传承与创造,培育幼儿的围棋文化素养。

2."弈go"剧场活动中环境的开发

布朗芬·布伦纳认为,环境或自然生态是"一组嵌套结构,每一个嵌套在下一个中,就像俄罗斯套娃一样"。换句话说,发展的个体处在从直接环境(像家庭)到间接环境(像宽泛的文化)的几个环境系统的中间或嵌套于其中。每一系统都与其他系统以及个体交互作用,影响着发展的许多重要方面。"弈go"剧场环境的开发同样受到了生态环境系统理论的启发,围棋文化博大精深,若能设计开发不同层面、不同类型的围棋文化环境并助推"弈go"剧场活动的开展,必然是能够提升幼儿围棋文化素养的。

那应该如何将围棋文化渗透在不同层面、类型、活动的环境之中呢?课题组在环境开发的过程中将"弈go"剧场活动环境大致分为三类:"弈go"剧场活动中的"大环境""小环境"及"微环境",具体内容见表4-4:

表4-4 "弈go"剧场活动中的三类环境

	具 体 内 容
"大环境"	幼儿园室内、室外大剧场、花园剧场、班级小剧场、年级小剧场等
"小环境"	幼儿园围棋文化展示互动区、教室里和"弈go"剧场活动相关的环境,如墙面、道具、材料等
"微环境"	以幼儿为主创设、打造的和"弈go"剧场活动相关环境,如个化区角里制作剧场活动道具、设计的海报、门票,自主游戏中的围棋学校、围棋小剧场等

（1）"弈 go"剧场活动中的"大环境"。"弈 go"剧场活动中的"大环境"是直接指向并支持"弈 go"剧场活动的开展，它包括学校的室内、室外大舞台、花园小剧场、班级小剧场、年级小剧院等。在专门的"弈 go"剧场活动环境中幼儿能尽情地表达表现自己对围棋文化的喜爱、认识和理解。

图 4-8　幼儿园的室内大舞台

图 4-9　幼儿园的室外大舞台

图 4-10　花园小剧场

图 4-11　教室里的"弈 go"剧场环境

（2）"弈 go"剧场活动中的"小环境"。"弈 go"剧场活动中的"小环境"有些是助推"弈 go"剧场活动的深入开展，如教室里和"弈 go"剧场活动相关的环境（墙面环境、道具库、材料库等）；还有的则是酝酿新的"弈 go"剧场活动主题诞生的环境，如围棋文化展示互动区（"围棋盘上跳房子""机器人小宝说围棋"等）。

图 4-12 教室里和"弈 go"剧场活动相关的墙面环境

图 4-13 教室里和围棋品德礼仪相关的墙面环境

图 4-14 围棋互动区——围棋盘上跳房子

图 4-15　围棋互动区——机器人小宝说围棋

（3）"弈 go"剧场活动中的"微环境"。"弈 go"剧场活动中的"微环境"是以幼儿为主创设、打造的。此类环境源自幼儿对围棋文化的理解或剧场活动开展的需求，虽大多呈现原生态、朴素、零散的特点，但往往却是"弈 go"剧场活动深入发展的关键性因素。在这些幼儿生成的环境中往往蕴藏着幼儿对围棋文化独特的见解

图 4-16　幼儿设计海报、剧本、门票等

图 4-17　自主游戏中的"围棋礼仪学校"

和体悟,如个别化区角里幼儿自发地制作剧场活动所需的道具、幼儿想象设计的海报、门票,自主游戏中出现的围棋礼仪学校、围棋图书馆等环境。

图 4-18 幼儿自制的"弈 go"剧场纸偶　　图 4-19 幼儿自制的围棋书签

(三)"弈 go"剧场活动的实施与类型

本章内容主要阐述的是"弈 go"剧场活动的具体实施,课题组经过两年的实践,将筛选的适合 3—6 岁幼儿身心发展特点的围棋文化内容融入各年龄、各类型的"弈 go"剧场活动方案之中,通过实践—反思—调整—再实践的方式不断地调整优化各类型的活动方案,并逐渐积累了有效的指导策略。

传统的棋弈教学之所以没有得到幼儿的普遍喜爱,正是因为其教学理念、教学方法都没有充分考虑儿童的年龄特点,因此,在

"弈go"剧场活动的开展实施中,我们基于传统围棋教学的进程,遵循幼儿活泼好动、好游戏、天真烂漫等天性,通过各种方式激发幼儿对"弈go"剧场活动的兴趣:幼儿在丰富多彩的"弈go"剧场中畅游,他们在"围棋嘎汕胡""礼仪小剧场"中将自己的生活和围棋文化建立了紧密的联系;在"曲苑杂坛""游戏剧场"中将自己最喜欢的游戏和围棋文化相融合;在"博物学""围棋直播间"中将自己感兴趣的知识和围棋文化相链接;在"森林小剧场""巡回互动秀""阳光大舞台""棋艺社"中用情、用心、用力去感悟围棋文化的博大精深……

纵观整个"弈go"剧场活动实践,大致可以分为三类:沉浸式剧场活动、互动式剧场活动、想象式剧场活动。

1. 沉浸式剧场活动

这类活动将以情境的创设为主,最大限度地引导幼儿沉浸在剧场活动之中,高度还原围棋文化剧本中的实景,让幼儿有一种身临其境的感觉,潜移默化地引导幼儿了解围棋文化。此类剧场活动形式多以教师预设为主,幼儿跟随沉浸式的情境体验并感知围棋文化。沉浸式剧场活动的关键点在于:有无身临其境的场景和剧情,能否引发幼儿自然而然的表演和体验。沉浸式剧场活动——《尧造围棋》正是此类活动的典范。

案例

来一次追溯围棋起源的穿越——尧造围棋[①]

如果我们能穿越回几千年前,和古代的"小伙伴"一起下棋、游

[①] 案例由西凌第一幼儿园谈佳乐老师提供。

戏，会是怎样的体验？

当我们推开虚掩的大门，一踏入房间，就看见一座古色古香的庭院门前站着一个梳着发髻、穿着长袍的"男孩"，他说他的名字叫丹朱，在他们这里用抱拳作揖的方式行礼问好。于是我们也纷纷学着他的样子抱拳作揖，轻轻弯腰，相互问好，我想这应该叫入乡随俗。这里高高低低的屋檐、大大小小的拱门、红墙砖瓦，和我们平时的教室、平时生活的地方是如此不同。

丹朱非常好客，他热情地邀请我们一群孩子去他家里玩，我们欣然应允。他轻轻推开古代庭院的大门，我们紧跟着他的步伐，小小门廊，连接着古与今。

进门是一个精致的古风小花园，丹朱说："今天我的爸爸不在家，给你们看看我最爱的宝贝！"说完便拉着我们，一路来到一个假山后，在这里我们看到了丹朱收藏的宝贝——许许多多的宝剑！丹朱说要教我们一套剑法，跟着音乐，我们学着丹朱的动作，开心地舞动着手中的剑，仿佛赋予了剑灵动的生命，柔中带刚，飘逸潇洒。丹朱告诉我们背景音乐是中国的传统乐曲——《十面埋伏》。此刻我觉得我应该就是传说中的英雄。就在这个时候，丹朱的父亲——尧回来了，我们都看出尧的脸色很不好看，淘气的丹朱让我们快快把剑藏起来，原来父亲并不喜欢丹朱舞刀弄剑。接着丹朱的父亲让我们跟着丹朱一起去书房，原来在古代，爸爸也是会生气的。丹朱的父亲以为他刚刚又在淘气，大感不悦，所以想出了一个新游戏，叫围棋！尧非常有耐心地教我们玩这个新游戏，这下明白了，原来围棋就是黑将军带着黑战士在棋盘上和白将军的白战士们打仗呀。

"纸上谈兵终觉浅，绝知此事要躬行"，于是我们跟着丹朱和他的爸爸去了围棋室,这里古色古香,丹朱父亲介绍"围棋讲究礼仪",看到刚才舞刀弄剑的丹朱开始静心学棋,我们也不敢有丝毫的怠慢,学着他坐姿端正,轻轻弯腰行欠身礼。原来下围棋也得有规矩。

(1) 身临其境的场景和剧情。研究者以沉浸式剧场活动《尧造围棋》为例,来说明沉浸式剧场活动的特质及活动设计。对于沉浸式剧场而言,环境的创设必然十分关键,在"尧造围棋"的环境创设中,教师通过三间相对封闭却又彼此相连的空间打造出了三个场景,分别是丹朱家、书房、棋室,包括教师的服饰、道具都必须尽量保持和故事背景的一致性,最大限度地还原故事时代的本色。通过场景的转场自然而然地推动故事情节的发展,让幼儿身临其境地沉浸于故事的情境当中,潜移默化地吸收当中蕴含的围棋文化。

图 4-20 丹朱的家——"西凌棋府"   图 4-21 书房场景

图 4-22 棋室场景

（2）自然而然的表演和体验。在"尧造围棋"的沉浸剧场中，不仅有教师的设计和表演，同样也有大量幼儿的自然自发的表演，如舞剑环节，丹朱带领幼儿，聆听着传统名曲《十面埋伏》一起舞动手中的剑，呈现了一幕精彩的舞剑表演。再如下棋环节，在尧和丹朱的引导下，幼儿跟着围棋礼仪童谣，和好朋友一起唱

图 4-23 丹朱和孩子们一起舞剑游戏的场景

念、表演简单的围棋礼仪。自然而然的体验更是处处皆有,当尧指责丹朱淘气顽皮时,旁观的幼儿虽然也有点害怕,但也会鼓足勇气对尧说:"尧,你不要生气好不好,丹朱是和我们做游戏……"

可见沉浸式剧场活动不仅让幼儿在身临其境的环境中自然而然地感知、体验、理解围棋文化,同时还尽可能地让围棋文化融合在每一个环节之中,包括环境创设、活动目标、材料等。

2. 互动式剧场活动

这类活动以一个和围棋文化相关的场景或情境开始,表演者与幼儿讨论什么引发了这样的场景或情境,以此过渡到观众与主持人、演员的互动表演,这样的"弈 go"剧场活动一般没有固定的剧本和台词,后续的表演有无场景设计取决于幼儿当下的需求。中班的"围棋嘎讪胡"正是这样一个典型的互动式剧场活动。

案例

热热闹闹的"嘎讪胡"[①]

在一次集体讨论自己喜欢的事情时,能说会道的七七说:"我最喜欢来幼儿园,因为能和好朋友嘎讪胡了。"听了七七的话,孩子们有的捂嘴偷笑,有的连声附和,还有的表示疑惑:什么是"嘎讪胡"? 我灵机一动:那我们的围棋能不能"嘎讪胡"呢? 就这样我们班的"围棋嘎讪胡"拉开了序幕。

---

① 案例由西凌第一幼儿园符晓雯老师提供。

单向输出可不是"嘎讪胡"！

最初的"嘎讪胡"是我讲解围棋历史、人物，一次我又准备讲解"围棋礼仪"时：

七七突然发声："老师，你这个'嘎讪胡'不好玩！电视里'小百搭'不是这样'嘎讪胡'的！我们可以自己说点别的吗？"

我："那你们想说什么呢？"

七七想了想："我昨天和外婆下棋了，我赢了！"

一旁的岳岳问："你怎么赢你外婆的？"

七七一脸骄傲地说："因为我围棋9级考过了呀！"

周围的几个孩子"哇"地一脸崇拜的表情，看着孩子们此时的注意力都在七七这儿，我意识到，单向输出可不是"嘎讪胡"，就得让孩子们说说自己和围棋的那点事。

"嘎讪胡"中的你我他

一段时间之后，孩子们都想在"围棋嘎讪胡"剧场里有露脸出镜的机会，可是只有得到观众的喜爱才能登台"嘎讪胡"呀，于是孩子们使出浑身解数来吸引大家的眼球：有的拿来了家里的围棋故事书讲述围棋故事，有的请爸爸抄录一首围棋古诗教大家念诗，有的围坐在一起说说自己和家人下棋的趣事……

渐渐地，最先上台"嘎讪胡"的几个孩子有了自己的铁杆粉丝，每次"嘎讪胡"他们都围在一起有说有笑，有的制作道具，有的在一起排练，小组"嘎讪胡"的形式就这样应运而生了。

你来我往的"嘎讪胡"

我们根据孩子的决定，添置了些复古道具、皮质沙发、立式话筒来进行环境上的丰富。在活动的环节调整中，增添了"主持人"，进行"嘎讪胡"的开场白介绍、演讲人介绍以及与"台下观众"的互动。

第一任主持人是七七,一开场她用上海话带动大家:"今朝礼拜五,阿拉嘎讪胡,嘎点啥么事,听吾来介绍。"台下观众一边拍手一边唱和。

接着被请到的三个孩子穿过"金丝门"才来到台前"嘎讪胡",一个孩子负责把物料贴在背景板,另外两个孩子开始"嘎讪胡"了:

汤团:今天我们要介绍的是我家里的围棋玩具,你们仔细看看,猜猜这是什么?

乐乐:唔,是不是超级大号的围棋子啊?哈哈哈……

汤团:你们看出来了哇?

台下观众的情绪也被调动了,瞪大了眼睛仔细看,不时会有提问,或支持或反驳,你来我往让"嘎讪胡"剧场的气氛始终热热闹闹,围棋文化的种子也在悄然地生根发芽了。

(1) 互动的内容源自幼儿实际经验。从这个案例中可以发现,在最初的围棋"嘎讪胡"里都是教师预设的围棋历史故事、围棋礼仪,有时甚至变成了一节"围棋理论课",幼儿从最初的满怀期待变成了索然无味,难怪有幼儿提出了"不想说了""没意思"。面对幼儿的异议,教师及时进行反思与调整,活动不再是老师的"一言堂",而是鼓励幼儿"只要和围棋有关的话题都可以讲",身边的围棋趣事都可以聊,很快就打开了幼儿的话匣子。因此,互动式剧场活动的内容必须是源自幼儿实践经验的,这样幼儿在已有经验的基础上才能进行思考和互动。

(2) 互动的形式必须是多样化的。在互动式剧场活动中,互动作为整个活动的精髓,教师必须关注互动的形式。在"围棋嘎讪胡"中先是个别表达能力强的幼儿先和老师、观众互动,逐渐形成了小组,幼儿开始在小组里参与互动,到后期则是小组与老师、观众互动。从案例发现"围棋嘎讪胡"通过了多种形式的互动吸引了越来越多的幼儿加入"嘎讪胡":幼儿先是被"嘎讪胡"的表演形式吸引了,他们不满足于和老师单线互动,想要自己的舞台,并产生了模仿的兴趣。于是在能力较强的幼儿影响下,多数幼儿也能更自主、更大胆、更轻松地"嘎讪胡"了。

图4-24 小组式的"围棋嘎讪胡"

图 4-25 小组代表在进行"嘎讪胡"表演

3. 想象式剧场活动

这类活动通常需要团队的合作完成,幼儿商议决定进行怎样的围棋文化表演,剧本是幼儿根据自己对围棋文化的理解去创编的,一般以图画或简单文字符号的形式将剧本大纲展现出来,也可以做成电子版,以便幼儿随时修改。想象式的剧场活动无固定台词,场景、海报的设计及宣传工作由幼儿自己完成。大班"棋凌剧场"——《西游记·攻彼顾我》的表演正属于想象式剧场活动。

案例

《西游记·攻彼顾我》诞生记[①]

故事背景:幼儿园里要举办"乐在棋中,弈 go 剧场"活动。凯

---

① 案例由西凌第一幼儿园谈佳乐老师提供。

文小组却迟迟定不下来表演什么，小组成员大多具备了一定的围棋基础。

创意的火花——《西游记》与"攻彼顾我"的不期而遇

到底表演什么呢？大家纷纷表达自己的想法，有：围棋起源、名人故事……可是凯文却想表演不一样的。阿宝非常喜欢《西游记》，对于西游记故事如数家珍。他认为可以表演《西游记》师徒下围棋的故事，正好前段时间开展了"我是中国人"的主题，里面的儿歌《唐僧骑马咚哩个咚》深受幼儿喜爱，个别化学习中幼儿喜欢在皮影戏里玩、演《西游记》故事。所以这个提议马上得到了大家的认可。凯文却始终坚持自己的想法，坚持围棋和《西游记》不是一回事，这怎么演？就在凯文和小宝争执不下，谁也不肯让步时，凡凡说那就都表演吧！《西游记》里也有围棋的道理啊！大家都懵了，西游记里有围棋？凡凡肯定地说攻彼顾我就是说孙悟空打妖怪前一定要保护好师傅和师弟们。

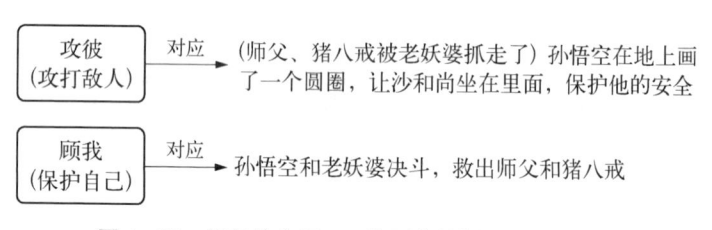

攻彼 (攻打敌人)	对应	(师父、猪八戒被老妖婆抓走了）孙悟空在地上画了一个圆圈，让沙和尚坐在里面，保护他的安全
顾我 (保护自己)	对应	孙悟空和老妖婆决斗，救出师父和猪八戒

图4-26 想象的交织——编剧中的"九九八十一"难

设计剧本时，孩子们大胆想象，有的用绘画的方式，有的将图片打印出来，描述着自己天马行空的想象：孙悟空用围棋子做武器，妖怪也是围棋高手，孙悟空变出猴子猴孙保护师父师弟……最大的难点来了：每个人想的都不一样，怎么变成一个大家都同意的剧本呢？在老师的引导下，阿宝将珍藏的图画书《西游记·三打白骨精》带来作为参考资料,通过小组讨论,孩子们共同罗列了《西游记·三打白骨精》与攻彼顾我相关联的部分,最终完成了表演剧本的创造。

幕 次	内 容	调 整
第一幕	唐僧师徒取经	第四幕加入了老妖婆和孙悟空决斗(幼儿决定用对弈决出胜负,也让演出过程更安全)
第二幕	老妖婆抓走师父和猪八戒	最后加入了旁白:"孙悟空,先要保护好自己的师弟,再去和老妖婆作斗争,救出师父和猪八戒,这就是围棋所说的攻彼顾我,做事要考虑周全,攻打敌人的同时,也要保护好自己。"让观众们更了解核心主题:"攻彼顾我"
第三幕	孙悟空画圈保护沙僧	
第四幕	老妖婆和孙悟空决斗	
第五幕	孙悟空成功救出师父、猪八戒	
第六幕	师徒四人团聚,继续取经路	

共同的创造——十八般武艺样样行

在设计剧本与排练之前,孩子们通过图画、符号已经设计了演出计划书。包括剧本创作、服装道具、宣传海报等多个板块内容,在定完剧目、剧本后,孩子们根据西游记角色,协商分配了角色。组内成员根据自己的角色与教师、父母共同准备服装与道具。有的是现成的,有的是亲子共同设计制作的:如,用纸板自制头饰,借来奶奶的紫色毛衣,妈妈的羽绒背心,绑上绳子,一个活灵活现的沙僧就装扮完成了。最后孩子们还画上了西游记中角色形象以及围棋标识作为自己的表演海报,向其他班级的小朋友介绍自己的表演剧目。

图4-27 想象式剧场活动——《西游记·攻彼顾我》

在想象式剧场活动中幼儿既是活动的主体，同时也是活动的主导，然而这并不意味着教师在这其中听之任之，完全追随幼儿"天马行空"的想象，相反教师的指导作用非常关键。

（1）尊重幼儿的初期想象。想象式剧场活动的特点之一是过程中变数多，如演员的人数、台词、出场顺利等几乎每场都会有不同的变化。这是因为他们能根据剧本大纲进行演出，但并不是刻板单一地表演，幼儿对每一次的表演都会产生不同的想法或灵感，有时甚至会进行一些"异想天开"的尝试。如《西游记·攻彼顾我》的诞生就经历了几重波折，初期幼儿的创意听起来甚至有些不着调，然而这些创意的火花却直接影响了后期活动的走向及发展。因此，在幼儿早期想象创造的过程中教师一定要尊重、理解、欣赏幼儿的创意。

（2）引导幼儿的合作想象。想象式的剧场活动中的想象并不是某一个幼儿的想象;相反地,它是集体的智慧和想象,这必然离不开合作。在案例《西游记·攻彼顾我》中可以看出幼儿自主结对、组团,共同商量并决定剧的名字,并对表演的围棋文化内容展开讨论,进行分工:有的幼儿负责编剧本,有的幼儿负责设计海报、制作门票,有的幼儿积极向老师、班级其他幼儿宣传自己小组的围棋剧场表演,还有的幼儿担任演员、导演和主持人等。

可见,想象式的剧场活动不仅促进了幼儿想象、合作等多项能力的发展,还加深了幼儿对围棋剧场活动的喜爱、对围棋文化的理解和认同。

第五章
升华:"弈 go"剧场里的精气神

(一)"弈 go"剧场活动的实施策略

在形形色色的各类"弈 go"剧场活动中,教师是如何尊重幼儿发展,理解并支持幼儿发展的呢?

1. 抛锚式策略——开启幼儿的围棋文化之旅

抛锚式策略是一种建立在建构主义教学理论基础上的活动实施策略。强调在"弈 go"剧场活动中要以幼儿遇到的问题为基础,主张幼儿自主学习,引发幼儿主动探究,培养幼儿在"弈 go"剧场活动中解决实际问题的能力及协作的能力。

建构主义认为,学习者要想完成对所学知识的意义建构,最好的办法是让学习者到现实世界的真实环境中去感受、去体验(即通过获取直接经验来学习),而不是仅仅聆听别人(例如教师)对于这种经验的介绍和讲解。在该策略中,确定这类真实事件或问题被形象地比喻为"抛锚",通过"抛锚"确定整个活动内容和活动进程。抛锚式策略的使用旨在给幼儿更多的发挥空间和活动自由,让幼儿以自己喜欢的方式去解决问题。

在实施围棋剧场活动的过程中,尤其是在组织大班幼儿的活动时,我们经常会使用抛锚式教学策略,如在沉浸式剧场活动《尧造围棋》第一幕中,我们给幼儿创设了一些困境(如寻找被藏起来的剑),留下一些解开谜团的线索,让幼儿自发地组织起来去解开这些谜团(和围棋文化相关的问题等),从而解决问题。同样在第三幕中通过一个问题冲突(尧指出丹朱下棋没有礼貌),引发在场的幼儿思考,怎样下棋才是有礼貌呢?实际上这些小设计都应用了抛锚式策略。再如大班的"曲苑杂坛"活动中,教师也较多地使用了这一策略。

案例

咦,他们怎么不会动呢?[①]

这天是"曲苑杂坛"的第一次表演时间,皮影戏小组的四位演员将道具摆放好,全情投入地表演了起来。表演结束,观众们给予了热烈的掌声。

这时,杉杉站起来说:"咦,这些人怎么不会动呢?"

"怎么没有动? 我们不是一直在动来动去的嘛。"演员天天说道。

"对呀,我的小鸟一会儿到这里,一会儿到那里的,可忙了。"演员睿睿附和道。

其他观众都一脸疑惑地看着杉杉,觉得他的问题很奇怪。

"我说的是他们的手和脚,我妈妈带我去看过皮影戏的,里面的人不是整个身体动的,他们的手和脚都会动的。"杉杉解释着。

"对的,我看过的皮影戏里有一只狗,嘴巴还会张开来呢。"观众辰辰也说道。

---

① 案例由西凌第一幼儿园钱舒琴老师提供。

同伴的疑惑也让小组成员发现了皮影人物的问题,那么怎么才能让他们的手脚动起来呢?小组成员开始有些犯愁了。他们就这个问题展开了探索。组员睿睿在家和妈妈寻找了一段关于中国传统戏剧皮影戏的视频,和同组的小伙伴一起分享,从中他们发现了皮影戏中皮影人物能动起来的小秘密。接着他们开始重新制作自己的皮影人物,绘制人物时,他们将小动物拆解成头、躯干、四肢等部分,装饰裁剪后再进行组合。

"有什么办法可以把手和脚拼到身体上呢?"在组装过程中,这个问题一直困扰着小组成员,他们在教室的材料库中寻找了吸管、扭扭棒、夹子等多种材料来进行一一尝试,但是有的太滑,有的又经常散架,在一次次的失败中,最终他们发现双脚钉很好用,既牢固又灵活,而且使用起来也很方便。在小组成员的共同努力下,"曲苑杂坛"皮影人物2.0版本上线了:

皮影说书人摆动着双臂:今天我要给你讲一个围棋故事——《专心致志》,很久很久以前,有一个围棋高手,他叫弈秋,弈秋有两个徒弟。皮影说书人随着旁白声消失了,而投屏左侧则缓缓地走出了三个人影,中间的人影摇头晃脑地转向两侧的人影,胳膊还灵活地上下挥舞着……

台前的小观众们聚精会神地观看着皮影戏《专心致志》……

2. 情境体验策略——让幼儿从旁观者变为参与者

情境体验策略指的是师幼共同创设具有情绪色彩,模拟具体情境并运用生动的形象使幼儿在"弈go"剧场活动中产生身临其境感觉,获得特定体验感受的一种方法。

情境体验策略以培养幼儿对围棋文化的兴趣为主要目的,

将围棋文化内容变得更加有趣和生动,引导幼儿主动参与,从而使参与围棋剧场活动从开始到结束成为一个激发和引导幼儿兴趣的过程,让幼儿以极大的热情经历诸多的情绪体验与愉悦感受。

如在小班的沉浸式森林小剧场活动《三心二意的小猫》中,教师通过沉浸体验的方式,创设了森林大环境、躲猫猫游戏、律动儿歌等,让幼儿身临其境地感知小动物们的心理变化,进而引发幼儿对做事要专心致志的理解和认同。

案例

我是一心一意的小猫![1]

情境一:下什么围棋?小花园里多好玩呀!

剧场活动开始了,杰杰一进来就被小树、石头搭建的场景吸引了,这里摸摸那里看看,这时小猴(老师扮演)说道:"杰杰下棋前,我们要行入座礼和欠身礼哦!"杰杰认真地学着小猴的动作行礼,下棋。不一会儿,蜻蜓(教师扮演)飞来找小朋友玩了,杰杰见了立马放下手中的围棋跟着蜻蜓一块儿出去了。当蜻蜓提议去花园里玩捉迷藏时,杰杰第一个拍手叫好了,直到蜻蜓飞走了,他才回到围棋教室。不一会儿,蝴蝶(教师扮演)来找杰杰玩,这次杰杰拉着一旁下棋的窝窝一起追着蝴蝶跑啊跳啊。

最后当杰杰看到棋盘上白棋包围的地盘比黑棋少的时候,不禁气呼呼地说:"哼!为什么我输了啊?"大象老师听到了,

---

[1] 案例由西凌第一幼儿园施晓辰老师提供。

问:"杰杰,刚刚别人下棋的时候你去哪里啦?"杰杰难为情地低头轻声道:"我去和蝴蝶、蜻蜓玩了。"活动结束后,杰杰认真地和一旁的窝窝说:"下次蝴蝶、蜻蜓再找我们玩,你别去了知道吗?"

情境二:到底要不要去呢?

第二次剧场活动:当蜻蜓来找下棋的小朋友一起出去玩的时候,其他孩子都兴高采烈地离开围棋教室去追蜻蜓,唯独杰杰和窝窝仍然坐在座位上,蝴蝶这时飞过来问他们:"你们怎么不去呢?蜻蜓在找你玩呀!"只见杰杰两手放在桌上,一字一句地回应:"我是一心一意的。"蝴蝶又说:"快去呀,蜻蜓找你玩捉迷藏呢!"杰杰一听,骨碌碌地转动了几下眼睛,不禁有些心动,趁着大象老师整理棋具时,他咧开嘴快速地跑向院子找蜻蜓去玩了。最后,杰杰又一次没数对棋,这一回,不服气的情绪又写在脸上了。

情境三:我不去,你们都别去呀!

第三次剧场活动中,当蜻蜓再次来找杰杰去玩捉迷藏时,他语气坚决地说:"不行!要专心致志下围棋!你知道吗?"看着身边的许多孩子激动地站起身,要跟着蜻蜓离去时,杰杰不但没有跟着去,还不停地劝告周围的同伴:"你们别去啦!我们要专心致志地下围棋!不然待会儿会输的!"听了杰杰的劝说,有几个孩子也和他一同留在了围棋教室耐心下围棋。同样,在之后蝴蝶来找大家玩时,杰杰依然坚定地坐在座位上下棋,并且时不时提醒同伴"千万不要跟着去!"

就这样,杰杰从故事的开始到结束,都在认真地下棋,并在最后赢得了比赛的胜利,当大象老师问他获胜的方法时,他自信地大声回答道:"因为我是一心一意地下围棋的小猫!"

故事中的杰杰在沉浸式剧场活动中情绪积极,仔细倾听,非常喜欢并能投入在故事情节中与角色互动。在第二次活动中,当蜻蜓来找杰杰的时候,杰杰却想要留在围棋教室,不跟蜻蜓去。这表明幼儿已经对下棋要专心致志这件事有了一定的理解,并在行为上有了初步的体现。在之后的活动中,幼儿内化了专心致志这一学习品质,不仅能坚定地坐在围棋教室中,不受蜻蜓和蝴蝶的吸引,还会提醒和劝说周围的同伴留下继续下围棋。不难看出以情境体验为主的沉浸式剧场活动带给幼儿诸多乐趣。

在运用情境体验策略时我们从师幼互动转为生生互动,通过让幼儿扮演剧场故事中的角色,用角色的语言和动作与同伴互动,深化幼儿对围棋礼仪、文化的感知和体验。同时,在剧场活动的内容上挖掘更多蕴含围棋文化的故事,例如围棋十诀、礼仪故事等,丰富剧场活动内容,从而使幼儿在情境体验中喜爱并理解围棋文化。

3. 支架式策略——从"参与者"转变为"策划者"

支架式策略,源自苏联著名心理学家维果茨基的"最近发展区"理论。它是通过提供一套恰当的概念框架而帮助幼儿理解特定的知识,建构知识意义的教学模式。

支架式策略是指在"弈 go"剧场活动的实施中,教师在活动初期、中期及后期关注幼儿的最近发展区,及时为幼儿提供帮助,为其发展搭建平台。幼儿由于身心发展等特点,理解能力较弱,操作能力有待进一步提高;因此,幼儿需要教师在活动中及时提供帮助,为其下一步发展搭建有利的平台。

中班的"棋艺社"剧场活动正是一个教师为幼儿发展搭建平台的典型例子。

案例

"棋艺社"成长记[①]

背景：我班幼儿表达表现能力较突出，喜欢听并且能记住围棋故事，部分幼儿有登台表演的经验，但在剧场活动的策划和开展上缺乏经验。

序曲："棋艺社"里有什么？

一说到我们要自己办剧场，孩子们雀跃不已，为此，我们召开了两次"剧场筹备会"：

次数	讨论实录	反 思	支 持
第一次	师：除了演员，还需要什么呢？ 幼1：需要围棋 幼2：需要桌子和椅子 小结：剧场除了演员还需要道具	幼儿对于"剧场"的认知仅限于舞台上的表演	观看童话剧，分析剧场所需积累经验
第二次	师：在童话剧里还看到了什么？ 幼1：大树和小花 幼2：还有太阳和白云 小结：剧场还需要背景和布景	在观摩和分析后，幼儿对于"剧场"有了更多的认识，也对自己即将参与的活动有了期待	讨论分工：我想在剧场里做什么？以此激发幼儿的参与兴趣

[①] 案例由西凌第一幼儿园冯广佩老师提供。

经过一番讨论,孩子们确定了以下内容:

(1) 剧目:《多嘴的小鸟》。

(2) 演员组:小鸟迪迪、小猫西西、熊猫达达、小猪嘟嘟。

(3) 道具组:制作大树、草垛、小花、果盘等。

(4) 需要老师提供森林背景一幅。

"棋艺社"正式上线啦!

变奏:"棋艺社"里怎么没观众了?

随着活动的开展,孩子们对于剧场活动越来越熟悉,演员组和道具组各自忙碌着。可是,有一天"棋艺社"里的主演元宵垂头丧气地说:"冯老师,棋艺社怎么没观众了?"

于是我跟随元宵一起来到"棋艺社",演员们才表演了一小段,不知道什么时候过来的米米突然说:"你们每次都表演这个,一点都不好看。"原来表演内容单调了,吸引不了观众了。接下来,我和"棋艺社"的孩子们共同收集了更多的剧本,有《围棋礼仪操》《方脸公公和圆脸婆婆》《骄傲的狮子》……"棋艺社"里又恢复了往日的热闹。

尾声:家里也有"棋艺社"!

期末家长会时,家长向我询问"棋艺社":"冯老师,孩子在家经常念叨什么'棋艺社',有时突然在家里表演小动物下棋,还经常涂涂画画,还说要带到幼儿园来表演,这是怎么一回事啊?"听了家长的反馈,我内心激动又开心,没想到,无意间孩子们已经把"棋艺社"开到了家里,可见孩子对它的喜爱。于是我借着家长会的契机向家长宣传了"棋艺社"活动,家长们听了也很感兴趣,没过两天,孩子们在家表演的"棋艺社"视频就发到了班级群了……

在"弈 go"剧场活动的实施中该如何使用支架式策略呢？首先，丰富幼儿相关经验。如在"棋艺社"剧场活动中，活动之初教师和幼儿共同搜集有关剧场的相关信息，如剧场里有哪些工作人员，剧场表演是什么样的，观众会喜欢什么样的表演等。通过一些问题引导幼儿深入地了解剧场活动是如何开展的。激发幼儿的活动兴趣，这些和剧场相关的信息就是最初给予幼儿的"支架"。其次，"搭建支架"，激发幼儿对剧场活动保持持续的兴趣。在剧场活动开展了一段时间后，观众又出现了新的需求，想观看内容新颖、更为丰富的表演。于是教师根据幼儿的提议，和幼儿共同寻找、策划新的演出内容，除此之外，在这个案例中，家长也起到了支架的作用。

（二）"弈 go"剧场活动的评价

幼儿作为"弈 go"剧场活动中的参与者、发起者和体验者，他们的发展变化反映了本研究的实施状况和效果。这是因为幼儿既是本研究的实施对象，又是推动本研究深化的关键因素，因此本研究主要采用了观察法对幼儿的发展状况进行全面的了解和评估。在对幼儿的发展变化进行观察评估前要科学地开发设计评价工具。

1. 评价工具的开发依据

根据幼儿身心发展特点及围棋文化的相关内容，课题组按照小、中、大三个年龄段，分别梳理了《3—6 岁儿童学习与发展指南》《上海市办园质量评价指南》中的相关目标、表现行为等，并将其融入幼儿围棋文化素养观察要点之中，具体内容详见表5-1。

表5-1 开发幼儿围棋文化素养观察要点的依据①

维度	小班	中班	大班
品德礼仪	1. 长辈讲话时能认真听,并能听从长辈的要求 2. 想加入同伴的游戏时,能友好地提出请求 3. 在成人提醒下,爱护玩具和其他物品 4. 在成人的指导下愿意分享玩具	1. 能注意到别人的情绪,并有关心、体贴的表现 2. 能有礼貌地向长辈、他人表达自己的需求和想法 3. 经提醒,能做到不打扰正在工作或做事的人 4. 感受规则的意义,并能基本遵守规则	1. 能谦让和照顾比自己幼小和体弱的同伴,也不让别人欺负自己 2. 能有礼貌地与他人相处和交往 3. 能关注他人的情绪和需要,会在他人难过、有困难时表现出关心,并努力给予适当的帮助 4. 能爱护他人的劳动成果,在接受他人服务与帮助时会表示感谢 5. 理解规则的意义,能与同伴协商制定游戏和活动规则
历史知识	1. 经引导,能感受不同地区人的特征差异 2. 主动要求成人讲故事、读图书	1. 知道自己是中国人 2. 能说出自己家所在地的省、市、县(区)名称,知道当地有代表性的物产或景观 3. 喜欢把听过的故事或看过的图书讲给别人听	1. 知道中国是一个多民族的大家庭,体验其他民族、国家的简单礼仪、风俗 2. 知道自己的民族,知道国家取得的重大成就,为自己是中国人感到自豪 3. 知道国家的一些重大成就,爱祖国 4. 喜欢与他人一起谈论图书和故事的有关内容

① 表格内的所有指标内容均摘自《3—6岁儿童学习与发展指南》《上海市办园质量评价指南》。

续 表

维度	小 班	中 班	大 班
和谐思想	1. 在提醒下，能遵守游戏和公共场所的规则 2. 在提醒下不做玩火、碰插座等危险的事 3. 能感知和发现物体的大小、多少、高矮、长短等方面的差别	1. 对大家都喜欢的东西能轮流、分享 2. 出现消极情绪时，在提醒和指导下能克制自己的冲动 3. 知道轮流、分享，会适当妥协，能在成人的帮助下和平解决与同伴之间的矛盾 4. 愿意主动寻求成人的陪伴、帮助或安慰	1. 初步理解量的相对性 2. 能想办法吸引同伴和自己一起游戏 3. 活动时能与同伴分工合作，遇到困难能一起克服 4. 能在探究中与同伴合作，并交流自己的发现、问题、观点和结果等 5. 知道一些事物具有两面性，汽车、手机、电脑等产品有利也有弊
思维方式	1. 用多种感官或动作探索事物，对结果感兴趣 2. 对感兴趣的事物能仔细观察，发现其明显特征 3. 能感知物体基本的空间位置与方位，理解上下、前后、里外等方位词	1. 常常动手动脑探索物体和材料，并乐在其中 2. 能对事物或现象进行观察比较，发现其相同与不同 3. 能使用上下、前后、里外、中间、旁边等方位词描述物体的位置和运动方向	1. 能通过观察、比较与分析，发现并描述不同种类物体的特征或某个事物前后的变化 2. 能发现事物简单的排列规律，并尝试创造新的排列规律 3. 能自编自演故事，并为表演选择和搭配简单的服饰、道具或布景 4. 能用一些简单的方法来验证自己的猜测，并根据结果进行调整

2."弈 go"剧场活动的评价工具

在梳理了幼儿围棋文化素养观察要点的科学依据基础上，课题组开发了"弈 go"剧场活动的评价工具，用来观察、了解、评估幼儿围棋文化素养的发展状况，具体内容见表 5-2 所示。

表5-2 "弈go"剧场活动大班幼儿围棋文化素养发展评价观察表

评价维度	观察要点	表现举例
品德礼仪	1. 开局礼仪	下棋时能做到"头正""身正""腿正",一旦发现身姿有问题时能及时调整
	2. 对局礼仪	下棋时不聊天、玩棋子。棋子如不小心掉在地上,会马上拾起,并向对手做出表示歉意的举动
	3. 结束礼仪	下完棋时能主动收拾整理自己的棋子,和对手共同整理好棋具及桌椅。游戏、剧场活动中能和同伴共同协商如何整理玩具、材料、道具等
	4. 复盘礼仪	需要复盘的话会轻声探讨,不过后抱怨
	5. 谦逊尊重	胜利了不骄傲,失败了也不气馁,而是恭喜对手,尊重对手的成功。如果在活动过程中有事需要离开,会告知对方,并请求对方的谅解等
历史知识	1. 知道和围棋密切相关的历史,并会积极主动了解相关细节	如知道围棋诞生至今已有几千年,围棋和军事密切相关,理解"手谈""坐隐"的含义等
	2. 对围棋历史上为国争光的名人事迹及典故产生兴趣	如知道陈祖德、聂卫平等人为国争光的事迹,知道"南柯一梦""王积薪仙师授艺""以棋品观人品""杨贵妃外盘"等典故,并对相关故事的时代背景产生兴趣
	3. 乐意在理解围棋文化内涵的基础上对故事进行改编或创编新的故事	如在故事中加入自己的想象,或根据典故里的道理创新的故事(攻彼顾我的道理是进攻对方时也要顾及自己的安危,考虑全局。幼儿根据自己的理解在此基础上创编了新的故事《西游记·攻彼顾我》)

续　表

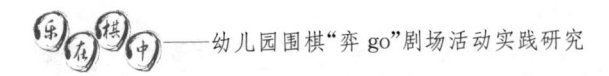

评价维度	观察要点	表现举例
和谐思想	1. 对逢危须弃的道理产生了更为丰富的理解	如理解危险分为很多种，能评估潜在的危险，并做出相应的"放弃"，如因疫情放弃参加某些活动
	2. 对不得贪胜、舍小就大、势孤求和、彼强自保等围棋十诀产生了自己的理解，并尝试运用	知道"度"的重要性，在"多"和"少"之间能作出适当的选择，在困境中知道寻求他人的帮助，在遇到"劲敌"时知道如何保全自己，能在游戏及各类活动、生活中加以运用，并说出理由
	3. 理解入界宜缓、攻彼顾我、弃子争先、慎勿轻速、动须相应的含义，并尝试运用	理解凡事都需要提前做好准备，在事情发生之前要预估多种可能性，要不拘小利，争取主动，对待人事不要轻率等道理。并能在游戏及各类活动、生活中尝试运用
思维方式	1. 能比较熟练地掌握围棋的基本着法（聪明地打、枷锁、征子、眼等）并将其运用于实际生活	如知道为接下来发生的事情做一些准备，不纠结于眼前的困难，能尝试和同伴长时间协作，合力完成一件事
	2. 能熟练掌握对弈中基本的技巧和策略，并将其运用于实际生活	如在对弈、游戏中能根据棋局、发展态势进行比较准确的判断，在剧场活动中能进行一定的整体布局和规划
	3. 能判断活棋和死棋，并将其运用于实际生活	如知道有时看到的不一定是真相，要进行前后的联系、比较或实际调查，再做判断

表 5-3 "弈 go"剧场活动中班幼儿围棋文化素养发展评价观察表

评价维度	观 察 要 点	表 现 举 例
品德礼仪	1. 开局礼仪	下棋时在成人或同伴的提醒下能及时调整不合适的身姿
	2. 对局礼仪	下棋时不聊天、玩棋子。棋子如不小心掉在地上,会拾起放好
	3. 整理礼仪	下完棋时能主动收拾整理自己的棋子,和对手共同整理好棋具及桌椅。在游戏和剧场活动中能和同伴共同整理好玩具、材料等
	4. 取子礼仪	能用两指相夹的方法从棋盒里取一颗棋子,不多拿,也不用力投放或拍打
	5. 落子无悔	在游戏、剧场中表现为说话算数、诚信对待老师、家长和同伴,不过分沉浸在过去的事件中,对未来有美好的期待
历史知识	1. 知道和围棋的起源及其相关的历史故事	如知道围棋诞生在中国古代,历史上涌现了许多爱下棋的人
	2. 了解围棋历史上的名人事迹及典故	如知道"关羽刮骨疗毒""杨靖与猴弈""范西屏智存毛驴"等典故
	3. 能在理解历史故事的基础上根据自己的喜好模仿主要的故事情节、场景等进行表演	如在故事中加入自己喜爱的角色或人物形象,或根据某一种表演形式对原来的历史故事进行再创造
和谐思想	1. 进一步理解逢危须弃的道理	能产生自己的理解,并在对弈、游戏、生活中灵活运用或发表自己的看法,如觉得哪些事情在紧急关头是要停止的

续 表

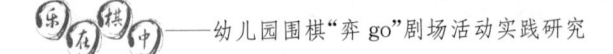

评价维度	观察要点	表现举例
和谐思想	2. 能在故事、一定的情境中理解不得贪胜、舍小就大的道理	知道"度"的重要性,表现出的具体行为如不独占玩具、乐意分享等。能在不同的情境中对"多少""大小"作出适当的选择并能简单说明
	3. 能在故事、一定的情境中理解势孤求和的道理	在困境中知道寻求他人的帮助,能在游戏、生活中尝试运用
思维方式	1. 能记住简单的围棋术语并能尝试迁移到其他场景中	如在建构游戏中能有意无意地用到"包围"的搭建方法,在前方路线被堵住的时候,知道换个方向寻找新的路线等
	2. 通过观察棋局,作出合理的判断,并能尝试迁移到其他场景中	如在对弈或游戏中能进行简单的布局,能对简单的棋局进行比较准确的判断,如在剧场表演中能判断出谁输谁赢
	3. 能比较熟练地掌握围棋的基本着法——打吃、双打和提子,并能尝试迁移到其他场景中	如在能在游戏剧场中能运用打吃、双打和提子的游戏规则,并在理解规则的基础上尝试设计新的玩法

表 5-4 "弈 go"剧场活动小班幼儿围棋文化素养发展评价观察表

评价维度	观察要点	表现举例
品德礼仪	1. 下棋礼仪	知道下棋要有礼仪:如"头正""身正""腿正",并能尝试应用在相应的情境中,如餐桌礼仪
	2. 执子礼仪	知道下棋时一方选择一色棋子,拿棋子时能尝试用食指和中指夹住棋子。能在游戏中和同伴分享玩具、材料等

第五章 升华:"弈 go"剧场里的精气神

续 表

评价维度	观察要点	表现举例
品德礼仪	3. 落子礼仪	知道棋子落在棋盘上后,不能再移动位置。在相应的情境中能应用,如观看升旗仪式时能努力坚持站稳
	4. 整理礼仪	在游戏、剧场活动中能在成人的提醒下一同整理玩具、材料等
	5. 爱护物品	在游戏和剧场活动中使用的玩具、游戏材料等能做到轻拿轻放
历史知识	1. 知道围棋是中国人发明创造的	如知道围棋是中国人发明的,外国人也在学习中国的围棋,围棋是中国了不起的发明等
	2. 理解《专心致志——三心二意的小猫》《观棋不语——多舌的小鹦鹉》《骄兵必败——骄傲的小猴》的故事内容	如在"弈 go"剧场活动中幼儿跟随剧情的发展表现出自己的情绪(生气、高兴、着急、难过)等,并能用肢体动作或简单的言语表达自己的想法
	3. 喜欢听成人讲围棋历史故事,对感兴趣的围棋绘本能翻翻看看	如会主动要求教师、家长给自己讲和围棋历史相关的故事,倾听比较专注,有时能跟着成人一起说说念念故事中的儿歌等
和谐思想	1. 知道围棋中有黑棋和白棋,黑棋白棋一起做游戏,棋子落在棋盘上	知道在游戏中每个人都必须遵守规则,否则游戏无法进行,懂得游戏规则的重要性
	2. 在安全教育中初步理解逢危须弃的道理	知道遇到危险时保证自己的安全是最重要的,危险来临时玩具零食等都可以丢弃
	3. 在游戏中初步理解舍小就大的道理	在游戏中能判断出"大"与"小",并在"大"与"小"之间做选择,选择最有利的那一个

续 表

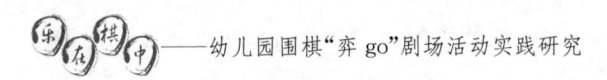

评价维度	观 察 要 点	表 现 举 例
思维方式	1. 能在棋盘上迅速找到交叉点、星位并能在生活中使用这一方法	如当自己不能辨别方位时,知道找到一个参照物来记住或描述具体的位置
	2. 知道下棋是一种游戏	如知道围棋是一种打仗的游戏,黑棋白棋分别代表不同的士兵
	3. 能根据童谣儿歌里的词句,简单说说童谣儿歌表达的意思	如能在游戏情境中辅以动作唱唱、跳跳、说说简单的围棋童谣、儿歌

第六章
收获："弈 go"剧场中的文化烙印

"弈 go"剧场活动在我园实施了近两年的时间，在研究之初，班级教师根据大、中、小班幼儿围棋文化素养发展评价观察表，在围棋剧场活动中对自己班级的幼儿进行了过程性的观察和记录。主要采用对话、多次的日常观察等方式结合观察要点对幼儿的围棋文化素养相关表现行为进行了整体的评估。经过课题组的整理和分析，发现"弈 go"剧场活动开展两年来，加深了我园幼儿对围棋文化的整体理解；提升了幼儿多项围棋文化素养，并促进了幼儿核心素养的发展。

（一）加深了幼儿对围棋文化的整体理解

通过"弈 go"剧场活动的开展，幼儿对围棋文化的整体理解加深，尤其在历史知识方面发展最为明显。微话剧的演绎内容随着幼儿对围棋文化的深入理解还在不断地更新、发展，如大班幼儿根据对围棋十诀中的"攻彼顾我"的理解，将之迁移到西游记的故事表演中，这无形中也宣扬了中华传统故事的精髓。再如在"围棋博物学"中，幼儿通过接触古代的服饰、道具等，深入了解围棋历史、名人等，对围棋故事发生所处的时代、历史背景等均产生了浓厚的兴趣。

> 案例

了不起的"从前"①

片段一：旗袍和汉服

有一天，攸攸穿了一件粉色的旗袍式衣裙来园，当"弈 GO"剧场开始后，攸攸加入小剧场的活动，并且对同伴说："我今天不用换衣服了，这件就是古代的衣服。"琳琳表示反对："这件不是古代的衣服，你看，它和我们的衣服不一样的。它的袖子这么小。"攸攸说："我妈妈说的，这也是古代的时候会穿的。这个叫旗袍。"琳琳还是不同意："我们现在的演出里又不穿旗袍的！"攸攸又问："那你们这个衣服叫什么？我的也是古代的衣服呀！"

在活动后，孩子们进行了讨论，知道原来攸攸的服装叫"旗袍"，而班中的衣服是"汉服"。基于这场讨论，我们知道了中国的历史十分悠长，在这个过程中，不同的朝代都有自己不同的服饰特征。根据孩子们收集的信息，我们在环境中增设了中国历朝历代主要的服饰变化，吸引了许多孩子的注意。

片段二：爱下围棋的皇帝们

一天岳岳带来了一顶皇帝的帽子，剧场开始后，他戴着帽子对大家说："我是皇帝。"孩子们围着他问："为什么？"岳岳说："你看这个珠子垂下来这么多，这种帽子只有皇帝可以戴，那我们演一个有皇帝的围棋故事行不行？"攸攸看着他："皇帝和围棋有什么故事啊？"宇宇提议："那我们去找找有没有皇帝的故事。"于是他们在书架上翻了一阵，找到了《杨靖与猴弈》的绘本，里面果然有一个皇帝

---

① 案例由西凌第一幼儿园卫勍雯老师提供。

的角色。可活动结束后,岳岳却和我说:"老师,我今天玩得一点也不开心。这个故事里皇帝没事情做。我就是坐在那里。"我笑了:"是呀,这个故事里的皇帝戏份不多,要么你们回家找找皇帝下围棋的故事吧!"

第二天,岳岳带着一本自制的小书,封面上写着《棋赋》两个字,他高兴地说:"今天我来做导演!我知道一个皇帝和围棋的故事,他叫梁武帝,他很喜欢下围棋,还写了这本书!"

这次之后,小剧场似乎和"皇帝"绑定了,孩子们又接连找了好几个皇帝与围棋的故事,比如"乾隆输棋,掀棋翻脸",表演时引得观众哈哈大笑;更是有孩子评价:"这个皇帝棋品一点也不好。输了棋又没有什么大不了,怎么能掀棋呢?"可也有的说:"我妈妈说这是一个好皇帝。"这个说:"啊?好皇帝棋品也不好啊?"那个又说:"好人也有缺点的呀。"由此又引发了另一番讨论……

片段三:小黑小白成长记

这一天琳琳在运动的时候捡了好几块石子带到教室。我问她:"你是想在游戏的时候用吗?"琳琳说:"这个就是棋子呀!我妈妈说,一开始的棋子就是用石头做的。"到了剧场时间,琳琳拿出石子用来代替棋子,孩子们都很好奇,可是没玩一会就发现了问题:"都是黑色的怎么下呀?以前都用石头的话,怎么分成黑白色呀?"琳琳想了想:"那再找找白色石头。"过了两天,琳琳带来了一包白色的石子:"我妈妈在网上买了一包白色的石头!"这次孩子们用黑白两色的石头玩得很开心,可是在分享的时候却遭到了其他孩子的质疑:"以前真的是用石头做棋子吗?我看到过的棋子是圆形的。"琳琳说:"就算是圆形的也是石头做的。""可是现在的棋子也是石头呀。""那现在的石头很光滑。"于是我顺势提出问题:"那从

91

前的棋子是什么样的呢？能不能请大家去了解一下?"

之后几天，陆续有孩子们带来关于棋子演变的故事，于是我们知道了原来随着工艺水平的提升，我们曾经用过石头、陶瓷、玻璃等不同的材料制作各种棋子。以此为契机，我们在"围棋博物志"中开设了一个新的关于创意棋子的板块，孩子们用绘画和照片介绍了棋子的演变，更能使用各种材料，设计新的创意棋子。

图5-1 棋子的演变　　图5-2 幼儿搜集及自制的"棋子"

最开始幼儿对于古代服饰的兴趣由一件旗袍开始，因为它漂亮，和现在人们的服饰不一样，由此，幼儿喜欢上了传统服饰，并引发了之后一系列的深入讨论和信息收集。旗袍和汉服的款式不同，引发了幼儿对于不同朝代服饰的讨论；而唐朝女子穿戴的帔帛更是让大家了解到古代对于仪表、礼仪的重视；不同的头饰也进一步丰富了幼儿对于古代服饰的认识。更有男孩子们因为喜欢上了皇帝的帽子,继而对于爱下棋的皇帝们也十分感兴趣,进而了解了一些历史上有名的帝王,如乾隆、康熙、唐太宗等。

幼儿从对环境和材料的兴趣开始,通过围棋文化和"弈go"剧场这个窗口,一点一点领略了中华文明的璀璨,逐步加深了对中华民族传统文化的整体认识及理解。

(二) 提升了幼儿多项围棋文化素养

中华文化博大精深,围棋文化源远流长。基于围棋文化的"弈go"剧场活动的实施提升了我园幼儿多项围棋文化素养。幼儿不但喜爱开展围棋剧场活动,且能将围棋文化的相关内容进行迁移和运用,具体表现在这样几个方面:

1. 品德礼仪——有规矩的中国人

中华是礼仪之邦,中华民族自古以来都是一个讲究品德教育、文明礼仪、个人修养的民族。每一个中华儿女都是中华文明的受益者、承载者和传播者。在"弈go"剧场活动中,幼儿耳濡目染、潜移默化、自然而然地感受、体验、理解围棋文化中的礼仪品德。

案例

观棋不语才是好小鸟[①]

小班的孩子们在"哈喽你好"的剧场活动主题歌中和老师们一起唱唱跳跳,迎来了今天的花园小剧场表演,只见孩子们三三两两地坐下,开始聚精会神地看起了表演。

---

① 案例由西凌第一幼儿园张玲老师提供。

小花园剧场里正在表演的是围棋礼仪剧《多嘴的小鸟》,当叽叽喳喳四处说话的小鸟飞到小朋友身边想要和孩子们互动时,小二班的行行突然一骨碌爬起来,一只手指着台上正在下棋的小猪和小兔,一边着急地对着小鸟喊:"不要说话!不要说话!"

在行行的再三催促下,小鸟终于飞回去继续表演了,行行又慢慢地坐下来继续观看表演了。可当小鸟又在别人下棋时插嘴说话,行行懊恼地跺着脚,露出不高兴的表情。

故事演完了,主持人一一介绍动物们的扮演者,为演员鼓掌时,只见行行大声地对着表演小鸟的徐老师喊叫着:"你不好,我不喜欢你!"徐老师机智地说:"我为什么不好呀?那我怎么做你才会喜欢我呢?"行行被问懵了,一时答不上。旁边有孩子马上说:"要观棋不语呀!"行行听了连连点头:"对对,要观棋不语!"

"弈go"剧场故事表演,已经深入到孩子的内心。当故事演绎到小鸟飞来的时候,案例中的孩子已经知道接下来要发生的故事情节。因此他激动着大喊着"不要说话!不要说话!",并挥动手臂,不停地跺着脚来表达自己的情绪。丰富的肢体语言完美诠释了他对小鸟影响别人下棋的不满。虽然小班孩子还说不出很多道理,但是他的肢体动作告诉了我们,在观看别人下棋时要尽量保持安静,不能打扰正在专心下棋的人。"弈go"剧场中的礼仪品德表演就像一颗种子,植入了小朋友的心里,使照耀中华数千年的文明之光在中国未来的接班人身上熠熠生辉,发扬光大。

2. 历史知识——有灵魂的中国人

"弈go"剧场中的历史、名人故事受到了大、中、小幼儿的一致喜爱,大班幼儿对于围棋中的历史知识爱想、爱学,中班幼儿则爱说、爱演,小班幼儿是爱听、爱看。经过"弈 go"剧场活动的熏陶和浸润,不论是小班、中班还是大班幼儿都对中国传统文化产生了一定的理解和认同。

一份来自家长的感谢信

——中二班幼儿王睿麟家长

尊敬的领导、老师们好:

这封信是为了向学校、领导、老师们表示深切的谢意。

记得去年,我的孩子刚上小班,在西凌第一幼儿园短短的一年里,我看到了孩子身上已经有了围棋文化的烙印。

一次,我在厨房做晚饭,煤气灶上炖着肉汤,我一边剥豆一边刷剧。这时,肉汤冒着气泡顺着锅边潽了出来,正好麟麟过来,对着我说:"妈妈,你不专心致志,你是三心二意的小猫!"说得我一愣,问:"我怎么是三心二意的小猫了呢?"。麟麟说:"小猫西西下围棋的时候一会儿跟蜻蜓玩,一会跟蝴蝶玩,一盘棋都下不好,你一边剥豆一边看剧,汤潽出来也不知道。"我非常地惊喜,看到了围棋活动对孩子的影响。

一天下班回家发现麟麟正一脸委屈地躺在沙发上,我问他:"麟麟怎么不开心?"麟麟哇地哭了出来:"今天演《弈秋教棋》,琪琪演了大徒弟,让我演二徒弟,我不想演二徒弟……"我连忙安慰:"没关系的,不管演哪个,都是表演,不是真的。""可是我只想演专心致志的大徒弟,二徒弟不好,不专心,我做事情很专心的呀。"看着麟麟委屈的小脸,我只能致电班主任黄老师求助,在黄老师的劝解和鼓励下,麟麟将二徒弟的表演改为开始的不专心,到最后向大徒弟学习专心致志,赢得了比赛。

看着孩子的笑脸,我感触颇深:虽然我的孩子现在还不会下棋,但是他在围棋剧场中受到了中华传统文化的浸润,他不仅知道了中国人求学做事必须专心致志的道理,还知道了许多中国的历史故事。

2021年6月我有幸能参与幼儿园的围棋文化嘉年华活动,作为一名不会下围棋的家长,同样可以欣赏到围棋历史文化故事表演。老师和孩子们的共同演绎,给我留下了深刻印象。今天看到大班孩子们的故事《言而有信》,木偶剧《张良学棋》,皮影表演《智存毛驴》,一个个精彩的历史文化故事植入孩子们的心中,将激发孩子对中国传统文化的自豪感、归属感,让他们将来成为一个堂堂正正、顶天立地的中国人。

2021年6月

围棋中的历史知识虽只是中华传统文化中的冰山一角,但是它折射出的文化底蕴、源头却是一脉相承的,不论是哪个年龄段的幼儿,在"弈 go"剧场中看到、听到、想到的历史知识都可能对其将来的发展产生长远的影响。

3. 和谐思想——有智慧的中国人

"弈 go"剧场传递的和谐思想散发着哲学的智慧光芒,如"舍小就大",小班幼儿面对物体数量时,知道应选择多的;中班幼儿能在具体的大小之间进行比较,判断哪个更重要,再做选择;大班幼儿则能摆脱数量、具象等表面因素的影响,对"大"和"小"的理解更为全面和丰富,"大"有时指的可能是集体。"小"有时指的是一个人或少数人等。除此之外,幼儿还能将围棋中的和谐思想灵活运用在不同的场景中,如游戏、比赛、学习、运动,甚至是日常生活之中,幼儿的行为表现已经开始彰显中国人的独到智慧了。

案例

眼疾手快的"秘诀"[①]

2022年迎新年活动——"环球之旅"开启了。"美国环球影城"中的"眼疾手快"游戏,吸引着众多小朋友。大家围在一起阅读海报告示:"挑战抓握5根棍子,获得一张贴纸奖励。"男孩晓晓露出自信的笑容冲在第一个,自信满满、稳稳当当地站在抓棍机下,伸开双臂,仰头大叫"看我的"。棍子随机掉落时,晓晓不停地移动步子用手抓,却一根棍子都没抓到。这样的结果给自信满满的晓晓当头一棒,怎么会一根都抓不到。于是,他站在边上,看着其他朋友玩,看着看着,又露出了自信的微笑,再次挑战。这一次,晓晓脱下外套,用外套去接棍子,只见他双眼紧盯掉落的棍子,左右跑动,竟然接到了3根,离5根的目标越来越近了,他心中大喜。此时一直在旁观战的墨墨说:"我来试一试。"说完,他脱下外套,反穿套上衣袖,抓起衣角,围成了一个大大的布兜,静静地站在左边的5根棍子下,两眼紧盯。即使右边的棍子掉落,也丝毫不影响他紧紧盯着左边5根棍子,他小步移动,稳扎稳打,轻轻松松抓到了5根。他是第一次挑战,也是第一个获得成功的孩子。晓晓羡慕地说:"真厉害。"墨墨举起手甩甩贴纸说:"只要抓5根就赢了呀。"是呀,放弃右边的5根,专心抓住左边的,围棋里叫舍小就大,不得贪胜! 原来围棋里的和谐思想就是墨墨挑战成功的秘诀!

[①] 案例由西凌第一幼儿园成静老师提供。

4. 思维方式——有方法的中国人

"弈 go"剧场中除了表演,还会涉及许多围棋的基本规则,如找交叉点、星位、数气、包围、打吃、做眼等。"弈 go"剧场活动则将这些通常只能在棋盘上、对弈中运用的规则和方法迁移到了剧场表演甚至是日常游戏之中。

案例

老鼠跑到哪里去?[①]

一次棋类活动。大一班瞳瞳、圆圆、明明、青青在玩"猫捉老鼠"对抗游戏。瞳瞳、圆圆组成"小猫"队,青青、明明组成"老鼠"队。游戏结束,明明手舞足蹈,得意地说:"一只老鼠都抓不到!"郁闷的瞳瞳和圆圆盯着棋盘,似乎是真的一只老鼠都没包围成功,老鼠的四周至少都有一条路可逃。瞳瞳盯着棋盘,看了又看。忽然,他眼睛一亮,指着棋盘右角上的一只老鼠,兴奋地说:"这只老鼠被包围了!"青青急忙跳起来辩解道:"没有,老鼠左边还有一条路,顺着这条路可以逃出去的。"瞳瞳以理据争:"逃不掉,是死路,你看……"瞳瞳急忙拿起老鼠沿着路线摆摆放放,走着走着,被猫堵住:"看,逃不出去,在猫的包围圈。"青青看着说:"往下面逃。"但是,不远处还是落在了猫的包围圈里。青青不甘心,一次次尝试,还是逃不出猫的包围圈。这一下,青青和明明没了话说,认同这只老鼠被包围了。

[①] 案例由西凌第一幼儿园成静老师提供。

通过一个幼儿日常游戏的观察案例，不难发现幼儿对于围棋规则中包围的方法运用得更加灵活得当了。以往包围的概念是将对方棋子的每一条路都给堵住，而案例中的幼儿在争执、演绎中思维碰撞，以理据争，说服同伴。幼儿对包围的理解有自己的思考与突破，形成了自己的游戏谋略。

（三）促进了幼儿核心素养的发展

"弈 go"剧场活动不仅直接促进了幼儿对围棋文化的喜爱、理解和认同，同时在整个剧场活动的过程中，幼儿的团队合作、互帮互助、动手动脑、实践操作、个性化的表达表现等也有效提升了幼儿的多项核心素养，幼儿在这其中的成长也是显而易见的。

1. 幼儿越发地具备团队意识、互助精神

"弈 go"剧场的组团、创作和演出的过程是一次多人员、多技术的集体合作过程，同时也是一项较为细致而复杂的工作。因此中、大班剧场活动的开展大多是按小组形式进行的，幼儿在合作的过程中相互了解、增进友谊、取长补短，有利于团结协作意识的提高。同时，他们在表演中互相帮助，增进伙伴友情，感受到了集体的力量。

如《刮骨疗毒》小剧组先后出场表演的角色就有关羽、华佗、季常、少将军等共计 7 人，除了自主组团、表演需要大家的合作外，还有大量的后勤工作，如准备服装、道具等也需要参与者共同配合才能完成。在幼儿准备的三个阶段——创作阶段、排练阶段、演出阶段均需要团队合作意识。在幼儿准备实施实践的每个阶段，每位参与者都需要发挥自己的特长，在讨论中积极献言献策；遇到分歧或矛盾时，积极协商，寻求解决问题的办法。通过这个过程，他们都认识到团队意识和互助精神在组团、讨论创作、表演中的重要性。

> 案例

我是超级大英雄——关羽[①]

镜头一

饰演关羽的捷捷走到围棋旁,他高兴地大声喊:"华佗,你只管动刀子。"然后,他用一只脚跳跃,再换另一只脚,同时,向不同方向拼命地挥动着手臂,对附近饰演士兵的同伴大喊:"快来吧!"说完,他转过身,围着围棋桌奔跑起来,兴高采烈地挥动手臂。另外两个同伴沿着他的路线跑,模仿着他的动作。

随后,这一状况持续了2分钟,坐在围棋旁的"季常"浩浩看不下去了:"你们不对了,关羽这个时候,手都受伤了,要找华佗治病,怎么还会和士兵跑来跑去,你这个关羽不行。"

捷捷不甘示弱:"关羽很厉害的呀,我在动刀之前,加个训练士兵的内容,没问题呀。"

"那你这个刚才也没和我们说啊?我们怎么知道?"浩浩非常生气。

捷捷想了想:"那我们这样,开始训练士兵,接着再安排刮骨,这样才能让人觉得关羽十分厉害,是个超级大英雄。"

"但是我们要按照典故里的内容演下去,否则就演的不对了。"浩浩依旧坚持。

"弈 go"棋凌小剧场的《刮骨疗毒》如火如荼地排练着……

[①] 案例由西凌第一幼儿园徐钦佳老师提供。

第六章 收获:"弈go"剧场中的文化烙印

镜头二

这次饰演关羽的是浩浩,他参照故事内容,按部就班地表演情节。

捷捷作为少将军说:"你为什么这次不训练士兵了?"

浩浩理直气壮地说:"这是我的表演方式,我觉得我演得非常棒。"

捷捷有点生气了:"你应该按照我上次的表演来啊!"

浩浩一点也不退让:"这次是我表演。"

一旁的"季常"星星说:"每次表演都不一样,我都不知道怎么表演了。"

士兵们也提出:"这个没办法玩了呀,浪费时间……"

捷捷看情势,这次棋凌小剧场可能就白排练了,就想了一个办法:"那这样,我们每次表演前,先一起讨论里面的内容,大家商量好,把每个角色表演内容都确定好,就不会乱七八糟了。"

浩浩点点头:"可以呀,如果你想表演你上次的训练也可以,但是一定要提前讲清楚。"

捷捷十分高兴:"好的,我们开始吧,对了,刚刚你表演关羽的表情不太对,要咬着牙齿,但又不能叫疼。"

浩浩说:"有点道理,我再来试试。"

不同版本的《刮骨疗毒》百花齐放地涌现在棋凌小社团……

再如棋凌小剧场中,幼儿是这样行动的:他们互相结伴,每队4—5个人,认领任务,一起协商制作计划书、创作剧本、分配角色、准备道具。在完成计划书后,家长也非常支持幼儿的学习,为他们提供表演服装道具。教师提供的分享墙,陈列着幼儿的计划书,每个小剧场的幼儿互相交流,查看计划书的内容。

2. 幼儿的动手操作能力得到了有效提升

在搭建舞台、制作道具的过程中,幼儿动手操作能力起着至关重要的作用。通过和幼儿讨论,教师了解幼儿的计划、愿望和经验,以便在活动中给予幼儿最大的支持。幼儿在剧场活动中搭建舞台,制作道具、海报,搭配服装等,培养了幼儿的动手操作能力。

当创编《围棋礼仪秀》时,教师和幼儿一起讨论:可以在哪里、用什么东西搭建我们的舞台呢,我们需要什么?可以做什么?随后幼儿就舞台效果、头饰、道具等提出主张。制作道具的过程引发幼儿积极地动手动脑。如幼儿尝试用不同的材料制作道具表演《围棋礼仪秀》后,进一步讨论这个舞台好看在哪里?需不需要继续搭建制作呢?教师和幼儿讨论之后,幼儿表示需要更多更大的材料制作道具和背景板,之后每次礼仪秀除了表演的内容,还要讨论搭建的舞台、道具的使用等问题。

案例

怎样不让它掉下来呢?[①]

在一次舞台秀中,聪聪使用大块围棋板和黑、白两个棋子作为道具。

表演结束后,大家一起开会讨论各自的想法。聪聪提出:"我发现我使用的围棋板太大,棋子太小,很容易掉下来,有什么办

[①] 案例由西凌第一幼儿园徐钦佳老师提供。

法吗?"

琪琪立马表达:"我有个办法,你换一块小一些的围棋板,然后把棋子放在框里。我们做一个框拴在腰上,这样就不会掉了呀。"

教师:"这真是个好办法,那用什么材料做比较合适呢?"聪聪回答道:"我看电视里,古人用的是布袋,那我可以做个布袋系在腰上,或者做个斜挎包,那就更方便了。"

琪琪:"下次我们都试一试,看看哪个比较方便,表演更好。"

说干就干,聪聪和琪琪一起合作去材料库自主选择材料,制作布袋和斜挎包了。

3. 幼儿个性化表达、表现促进了创新性发展

课题组在日常观察中发现幼儿在表演过程中时常涌现出诸多个性化的表达,这说明"弈 go"剧场活动既培养了幼儿的审美情趣,又帮助幼儿逐步形成了艺术表现和创意表现的兴趣和意识,能在生活中拓展和升华美。

"弈 go"剧场的表演过程中,教师和幼儿围绕角色特点进行讨论、解读,如怎样表演出自己很生气? 有的幼儿用神态表情表现,有的幼儿用肢体动作表现,还有的幼儿想出了在表演活动中增加自问自答的环节来表现内心的愤怒。

"弈 go"剧场中的表演不仅强调对剧本内容的理解和演绎,更关注幼儿在理解的基础上进行的大胆想象和创造,这不仅能使剧场活动变得更加生动有趣,同时也促进了幼儿创造性、个性化表现能力的发展。

案例

围棋剧场里的"德云社"[①]

麟龙是班里有名的"话匣子",喜欢看书和听故事,知识面广,在班里经常找小朋友侃大山,找老师唠嗑。他胖嘟嘟的小脸和一本正经的语态经常逗得大家哈哈大笑。然而他却并不喜欢在小剧场里表演,用他的话说:"动作表演太夸张了。"

一次剧场活动时,麟龙无所事事,到处晃悠,我就问他:"麟龙,如果让你在剧场里说围棋的事,你想说什么?"麟龙挠了挠脑袋:"这个我要想想了。"

第二天,麟龙穿了一件长马褂,带来了厚厚一叠书:"这都是我昨天回家找出来的书,这些我都会说。"当天的剧场活动麟龙就登台讲故事了,然而大家的反响却不太好:"太长了""没意思""没有星火团的表演好看"……

面对大家的质疑,麟龙犯难了。这个时候小小罗说:"我觉得这个相声没有德云社说得好听,不搞笑。"

麟龙一听马上说:"德云社讲相声是要两个人,我只有一个人。"

小小罗说:"我可以加入,我喜欢德云社。"

梦舒说:"我也想加入。"

就这样在孩子们创意的激发下,小剧场里又多出了一个"相声社"。相声社的表演形式也推动了孩子们在围棋世界里的新创造:因为有的故事长,几分钟里说不完,他们想出了自编三句半的形

[①] 案例由西凌第一幼儿园张玲老师提供。

式、一问一答的形式;搭档小伙伴临时缺席,麟龙还尝试了单口相声说围棋;观众反映不搞笑,小小罗还加入了搞笑段子的形式……

"'张良学棋'知道不?"

"咦,这个名字好熟悉呀,难道是张老师+梁老师?"

观众哈哈大笑……

图6-1 围棋相声社里的单口相声表演

幼儿在剧场中的彩排、表演常常会插播一些"突发事件",然而恰恰是这些"突发事件"才引发幼儿思考,让他们形成了独到的理解和表达。教师要选择恰当的角度用心观察,适时加以引导,让幼儿在"弈go"剧场中的表演更具有创造性和个性,把"突发事件"转化为个性化表演素材,成为表演中的"闪光点"。

第七章
期盼：永不落幕的"弈 go"剧场

目前国内外幼儿园专门对围棋文化的开发实践研究还不多，本研究算是一次尝试。虽然在研究开始之前，课题组参阅了大量的文献，做了诸多准备工作，但研究也还存在着一些不足。

（一）幼儿围棋礼仪品德的培养有待进一步加强

通过访谈及日常观察，课题组发现幼儿在围棋礼仪品德上的发展相对较慢，具体表现为幼儿对围棋礼仪品德的内容兴趣不大，在剧场活动中较少会出现和围棋礼仪品德相关的表演或设计，可见幼儿对围棋礼仪和品德的主动学习意识还比较单薄。大多数幼儿能在老师的提醒下做围棋礼仪相应的动作，但在活动中的持续性表现较差，往往是开头部分能做好一些简单的围棋礼仪，在表演的过程中又渐渐将其抛弃了，只关注剧本或故事的情节。

（二）"弈 go"剧场的内容选择上需更加均衡

课题组在项目实施过程中，对围棋文化内容的安排不均衡，在实践中较多集中在围棋故事、历史、哲理及思维方式上，忽略了围棋礼仪品德在剧场活动中的实施，这也导致了幼儿对围棋礼仪和品德的理解、认同还停留在表面，在活动中表现出的礼仪动作大多是刻意为之，尚未形成习惯。因此在下一阶段的研究中，研究者将重点关注围棋礼仪品德在"弈 go"剧场活动中的融合与实践。

(三) 在实践中需更全面而合理地运用观察法

现阶段的研究中我们发现,观察表设计的维度还不够全面,只关注到了围棋文化的具体内容,尚未将围棋文化内容和幼儿喜爱、理解、认同围棋文化的程度结合起来,导致观察得到的信息比较单薄,在后续研究中我们将继续完善观察表的设计,以期得到更为科学的观察数据和结论。

(四) 校园的整体围棋文化环境创设有待提升

在上一阶段的实践中项目组比较关注"弈 go"剧场活动的内容及方案设计,对环境的创设主要集中在班级的剧场环境创设上,如小剧场如何创设、可移动的大剧院如何搭建,等等,相对忽视了校园整体围棋文化精神环境的创设。在实践中由于疫情的影响,家长入园参加活动难度增大,现有研究中也缺乏家园合作背景下的"弈 go"剧场活动的内容,也间接导致了此部分的围棋精神文化的环境创设滞后。后续研究中将加大对家园合作下"弈 go"剧场活动和校园围棋文化的整体创设的研究。

课题期望本研究可以起到"抛砖引玉"的作用,引起国内外同行对围棋文化、中华民族优秀传统文化在幼儿园"生根、发芽、壮大"的重视。围棋文化对于 3—6 岁幼儿来说,并不是高高在上、遥不可及的,通过学校、教师、幼儿及家长的共同努力,一定可以将围棋文化这一蕴含着民族文化精髓的宝贵财富传承下去并发扬光大!

主要参考文献

1. 何云波.围棋与中国文化[M].北京:人民出版社,2011:3-25.
2. 何云波.围棋文化教程[M].北京:北京大学出版社,2015:2-15.
3. 徐平.围棋活动对儿童注意力、意志力和创造力的影响[D].上海:华东师范大学心理学系,2018:39-44.
4. 王天呈.基于围棋文化底蕴的高校围棋人才培养的研究[D].武汉:武汉体育学院,2014:3-19.
5. 刘诗仁.张金梅.谈戏剧的游戏性[J].民族艺术研究,2014(2):48.
6. 张金梅.论儿童戏剧教育的组织形式[J].幼儿教育(教育教学),2011(1,2):30.
7. 陈思梦.幼儿围棋游戏课程设计和实施[J].教育实践与研究.2015(3):43-45.
8. 陆晓波.围棋活动对儿童注意力以及意志力的影响探讨[J].体育大视野.2019(9):245-247.
9. 倪娜.传统文化素养主题下的儿童戏剧教育论析[J].艺术科技.2019(5):281.
10. 张霞.幼儿园戏剧主题活动中幼儿参与类型研究[D].南京:南京师范大学,2015:3-29.

附录一
围棋剧场活动方案

"弈 go 剧场"活动计划

小班教研组

一、活动来源

对小班幼儿来说,虽然他们的年龄较小,认知与经验的积累也较少;但是,他们已经能够听懂别人的话或者与别人对话,喜欢模仿某一个学习对象和经验,理解并表达直观的画面和内容。同时,小班幼儿喜爱童话故事,他们的注意力仍以无意注意为主,凡是生动、活泼形象的事物都容易引起他们的注意,他们喜欢动物,也常常会把动物当成人,与它们产生对话、互动和联想,这是小班幼儿思维"拟人性"特点体现。而围棋微话剧中动物系列绘本故事恰好充满童趣,以小猫西西、小猴弈弈等动物朋友为主角,通过老师对小动物间发生的一些品德故事、礼仪故事等沉浸式的现场演绎,激发幼儿对围棋的兴趣,促进幼儿对围棋文化的感知和体验。

所以,基于围棋礼仪在小班幼儿活动中的浸润,我们开展了以绘本故事为载体的小班围棋"弈 go 剧场"活动,教师通过有趣的围棋绘本故事演绎、卡通化的围棋棋理互动、与剧场故事相呼应的律动儿歌,激发幼儿主动参与的兴趣,将品德、礼仪、习惯等围棋文化渗透于剧场活动,从而润物细无声地传递给小班幼儿。

二、指向的文化内涵及价值分析

《幼儿园教育指导纲要》指出:"幼儿能主动参与各项活动,有自信心,乐意与人交往,学习互助、合作和分享,有同情心。"

《3—6岁儿童学习与发展指南》中小班艺术领域目标指出:"小班幼儿喜欢听音乐或观看舞蹈、戏剧等表演。他们能模仿学唱短小歌曲,能跟随熟悉的音乐做身体动作。"

围棋文化中蕴含了大量和幼儿品德、礼仪教育相关的内容,对促进幼儿良好品德的形成具有重要作用,其价值毋庸置疑。对于3—4岁的小班幼儿来说,剧场活动是深受幼儿喜欢的一种故事表演形式。而动物系列绘本故事的形象生动、情节简单、儿童化、拟人化的语言能吸引小班幼儿的注意,从而促进幼儿对谦虚礼貌、一心一意等围棋礼仪的感知。

所以,将围棋文化浸润于剧场表演的活动形式能有效激发小班幼儿对围棋活动的好奇心,引导幼儿懂得遵守规则的重要性,促进幼儿良好的行为习惯形成,感受和体验简单的围棋文化。

三、活动目标

1. 知道简单的围棋礼仪,能使用基本的礼貌用语。
2. 会说简单的围棋童谣、儿歌。
3. 知道参与剧场活动的文明礼仪,懂得做一个文明的观众。

四、具体安排

时间安排:每2周开展一次"弈go剧场"活动,一个学期共8个剧场活动内容。剧场活动通过故事表演的形式开展。

剧场故事一:《三心二意的小猫》
剧场故事二:《多嘴的小鸟》
剧场故事三:《没有礼貌的大狮子》
剧场故事四:《骄傲的小猴》

(剧本附后)

剧场故事一:《三心二意的小猫》

一、剧场准备

场景:围棋教室、草丛边、花朵旁

人物:大象老师、小猫西西、小猴弈弈、熊猫达达、小兔萌萌、蝴蝶、蜻蜓

道具:动物服饰、围棋教学板、围棋桌椅、围棋子、棋谱

二、剧场律动《问好歌》

三、剧场故事

第一幕:

旁白:在美丽的小河边,有一所漂亮的围棋幼儿园,里面的小动物可都是围棋高手。瞧!小猫西西和他的朋友们正在上围棋课呢!

大象老师:孩子们,今天我们要来数气,想一想,数一数小黑棋,还剩几口气?

西西:我知道!我知道!一条路一口气,二条路二口气,一二三四五,一共有五口气!

大象老师:西西真厉害,这么快就数出来了。

大象老师:小朋友们,你们说,西西数得对吗?(互动:带领幼儿一起数一数。)

111

大象老师：你们真棒！接下来，我们要来数气比赛了，谁在规定的时间里数的棋谱最多就算赢，准备好了吗？

小猫西西、小猴弈弈、熊猫达达、小兔萌萌：准备好了！

第二幕：

旁白：小动物们各自选好了自己的对手，开始数气比赛。虽然小猫西西的围棋本领很大，但是西西有个坏习惯……

西西：（数一会儿气就东张西望，三心二意状态。）

旁白：这时，从远处飞来了一只小蝴蝶。

小蝴蝶：西西，和我一起到草丛里玩去，好吗？

西西：不行，不行，我在和小兔比赛数气呢！

小蝴蝶：就玩一会儿嘛，走吧！

旁白：小朋友们，你们说西西要去和小蝴蝶玩吗？（互动：与台下幼儿问答。）

西西：好吧，好吧，反正沙漏的时间还很多，而且小兔的数气本领没有我大，玩一会儿再回来，也肯定是我赢！

旁白：于是西西跟着小蝴蝶去草丛边开心地追逐玩耍了。而这时，小兔萌萌已经数完了两个棋谱。

小蝴蝶：西西，西西，我累了，我要回家了。我们改天再玩吧！

西西：那好吧，再见。哎呀，我还要去和小兔萌萌比赛数气呢！

旁白：小兔萌萌还在安静、专心地数气，西西慌张地从草丛里跑回来，赶紧坐下来继续比赛。

第三幕：

旁边：过了一会儿，一只蜻蜓飞来了。

小蜻蜓：西西，西西，和我一起去玩滑梯，好吗？

附录一 围棋剧场活动方案

西西：不行，不行，我还在和小兔萌萌比赛数气呢！

小蜻蜓：就玩一会，就回来，好吗，滑滑梯可好玩呢！

西西：那……那……那好吧，就玩一会！

旁白：小朋友们，你们赞成西西去和小蜻蜓玩吗？（互动：与台下幼儿问答。）

旁白：西西这次又和小蜻蜓出去玩了，而这时，小兔萌萌又数完了一个棋谱。西西和小蜻蜓快乐地玩游戏，忘记了时间。

小蜻蜓：西西，西西，天不早了，我要回家了，我们改天再玩吧！

西西：好吧，好吧，再见！

小蜻蜓：再见！

西西：哎呀，糟糕，天都快黑了，我还要比赛呢！

第四幕：

旁白：时间一点点变少了，西西着急地数着面前棋谱上的围棋气数，可越着急就越出错。

大象老师：孩子们，时间马上就要到了，看看你们都数了几个棋谱呀！哟，小兔已经数了6个棋谱了，小猴小熊猫也不错，都数了5个棋谱！西西，你数了几个呀？

西西：我……我……

旁白：西西看着面前一个都没有完成的棋谱，羞愧地低下了头。

西西：对不起，大象老师，我一个棋谱都没有数完。

大象老师：西西，你知道自己为什么一个棋谱都没有完成吗？

大象老师：小朋友们，你们知道为什么西西一个棋谱都没有数完吗？（互动：邀请个别幼儿。）

113

大象老师：你们说得真对！西西你现在知道了吗？

西西：知道了，我以后做事要认真，一心一意，不能三心二意，做一个用心的好孩子！

大象老师：知错能改就是好孩子！孩子们，我们下棋的时候要专心致志，只有认真下棋，才能收获胜利哦！

四、律动儿歌

小猫下围棋，

三心又二意，

抓蝴蝶，捉蜻蜓，

这样下棋结果没有赢。

我来告诉你，

下棋要专心，

坐坐好，动动脑，

一心一意下棋就会赢。

剧场故事二：《多嘴的小鸟》

一、剧场准备

场景：大森林

人物：熊猫达达、小猫西西、小猪嘟嘟、小鸟迪迪

道具：动物服饰、围棋盘、围棋盒、围棋子

二、剧场律动《问好歌》

三、剧场故事

第一幕：

旁白：清晨，阳光照进了大森林，小鸟迪迪就醒来了，它站在大松树下，迎着太阳，高声地叫着。

小鸟：太阳出来了，大家快出来运动吧。

旁白：大森林里立刻热闹起来！小朋友们，让我们和小动物一起锻炼身体吧！（互动：与幼儿一起做律动操《太阳眯眯笑》。）

小猫西西说：小鸟迪迪，你真会说话！

旁白：小鸟迪迪听到夸奖，高兴地拍拍翅膀，高声地叫着："我真会说话，我真会说话！我是一只最会说话的小鸟儿！"

第二幕：

旁白：自从听了夸奖，小鸟迪迪觉得自己是森林里最会说话的小动物，一天到晚都在说话。

小鸟迪迪："我真会说话，我是会说话的小鸟。小朋友们好！你们喜欢我吗？我也喜欢你们，我最喜欢说话了！你们喜欢说话吗？"

旁白：一天，熊猫达达（拿棋盘）和小猫西西（拿棋盒）约好一起下棋。

旁白：先敬礼，再下棋。坐端正，有规矩。（一起念欠身礼儿歌并做动作。）

熊猫说：我拿黑棋我先下！

旁白：小猪嘟嘟（上场）给他们俩做裁判，达达下了一个黑棋，西西下了一个白棋。这时，小鸟迪迪飞来了，站在大松树下，它想和朋友们打招呼，就大声地嚷起来。

小鸟：朋友们，你们好呀！你们在下围棋呀！

旁白：它这么一嚷，达达和西西都停了下来，望着它，达达手拿着棋子停在半空，忘了要往哪里落子。

小鸟：我也会下棋，我也要看。

小猪：好吧，那你和我一起安静地看吧。

小鸟：好的，没问题！我可会下棋了。

第三幕：

旁白：达达和西西重新开始下棋。达达想了一会儿,放下一颗白棋。迪迪的声音再一次响起。

小鸟：哎呀！原来西西是黑棋呀！黑棋先走！黑棋先走！

旁白：小猫西西心里不高兴,想也没想走了一步棋。棋子刚落,迪迪又喊了起来。

小鸟：哎呀！西西,你这步棋走得不好！这步棋走得不好！怎么走这里呢？要被吃掉了！要被吃掉了！

旁白：西西被吓了一跳,忘记了想好的下一步。小猪嘟嘟忍不住提醒。

小猪（皱着眉头）：迪迪,你能不说话吗？看棋是不该说话的,这叫观棋不语。

小鸟（捂住嘴巴）：哦哦,好的,好的。我不说话了！不说话了！

旁白：大树下安静下来,西西和达达继续专心地下棋。可是没过一会儿,迪迪又忍不住说话了。

小鸟（伸了个懒腰）：哎呀！你们下棋累吗？我站得都累死了,我这里有果子,你们吃吗？

旁白：西西和达达没理它,专心地下棋。迪迪以为他们没听到,就飞到达达身边。

小鸟（飞到达达旁边）：你吃吗？你吃吗？

熊猫达达摇摇头：不吃不吃！我们在下棋！

小鸟（飞到西西旁边）：你吃点吧！你吃点吧！

小猫（生气）：不吃不吃！我们在下棋！

小鸟：小朋友！你们吃吗？（互动：不吃不吃！我们在看下棋！）

第四幕：

旁白：迪迪还想说什么，被小猪拉到了一旁。（熊猫和小猫继续下棋）

小鸟：哎哎哎！我还没给他们吃果子呢，你拉着我去哪里呀？

小猪：迪迪，下棋有规则，看棋也有规则哦！看别人下棋是不能讲话的，这叫"观棋不语"，你知道了吗！

小鸟（低着头红着脸）：怪不得你们都不理我，原来是我错了！现在我知道了看下棋要观棋不语！

旁白：小鸟又飞到树枝上继续看下棋，这次他静静地用眼睛看，一句话也没说。最后，小熊猫赢了，小鸟高兴地说着。

小鸟：达达你真厉害！西西也不错！我今天也学会了一个新本领——观棋不语！

小动物们：迪迪你这句话说得真好听！

旁白：小朋友们，你们学会这个新本领了吗？

四、律动儿歌

小鸟小鸟爱说话，

下棋也在叽叽喳。

小朋友们告诉它，

下棋都要守规则。

观棋不语是礼貌，

一起下棋真开心。

剧场故事三：《没有礼貌的小狮子》

一、剧场准备

场景：大森林、大树下、石头旁

人物：小狮子凌凌、小兔萌萌、小猴弈弈、小猫西西、小鸟迪迪、小猪嘟嘟、熊猫达达

道具：动物服饰、围棋盘、围棋盒、围棋子

二、剧场律动《问好歌》

三、剧场故事

第一幕：

旁白：阳光明媚的一天，森林里有只小狮子凌凌一边唱着歌一边蹦蹦跳跳地走着。这时，它听见有人在说："哎呀，我输了。小兔萌萌，你下围棋可真厉害！"原来是小猴弈弈和小兔萌萌在下围棋，小猴输了，伸出大拇指夸小兔。

小兔："你下得也不错，说不定下次能赢我呢！"

旁白：小狮子在一旁听了，低声嘟囔起来。

狮子：我是森林之王，我的围棋本领可高了！我要和它们比一比，让它们知道我的厉害！

旁白：于是，小狮子走到了小猴和小兔身边。

狮子：小兔，我来和你下围棋！我可是围棋高手，一定能赢你！

小兔：好吧！

第二幕：

旁白：小狮子和小兔要比赛围棋的事情，一下子传开了，小猫西西、小猪嘟嘟、熊猫达达、小鸟迪迪，还有好多小动物们都来观看围棋比赛。

小猴：我是今天的围棋裁判，现在请两位围棋选手进行开局礼仪！

小兔：请多指教！（行欠身礼，拉开椅子，从左侧进入坐下。）

附录一 围棋剧场活动方案

狮子：我是森林之王，不用给别人行礼！（粗鲁地拉开椅子，重重地坐下。）

旁白：小兔、小猴和其他小动物们见了都皱皱眉头，摇摇头。

小兔：我们来猜先吧！谁猜对了谁拿黑棋。（取一些棋子。）

狮子：我是森林之王，我要拿黑棋！（取过黑棋棋盒放在了自己边上。）

旁白：小兔、小猴和其他小动物们见了都皱皱眉头，摇摇头。

小兔：那好吧，我拿白棋。

第三幕：

旁白：小狮子与小兔的围棋比赛正式开始了，小兔下棋时，背都挺得很直，身体也坐在椅子的前 2/3 处，不管是自己还是对方下棋时都安安静静。而小狮子时不时地翘翘椅子，每次下完一步棋都在东看看西瞧瞧。

狮子：小兔，你怎么下棋下得那么慢，真笨！（催促的语气）

旁白：小猴和其他小动物们听了都皱皱眉头，摇摇头。

旁白：这盘棋终于收官了，小兔安安静静地坐在自己的位置上举手示意，等待着小猴来裁决。

狮子：小猴，你快来！快看看，是不是我赢了！（大声喊）

旁白：小兔、小猴和其他小动物们听了都皱皱眉头，摇摇头。

旁白：小狮子最终取得了胜利，就在小兔在认真复盘，研究领悟的时候……

狮子：哈哈哈！我赢了！小兔，别人还说你厉害呢！我才是真正的围棋高手嘛！我是最棒的！（拍手）

旁白：小兔、小猴和其他小动物们听了都皱皱眉头，摇摇头。

旁白：比赛结束了，小兔在整理自己的白棋，并且又对小狮子行了个欠身礼。

小兔：谢谢！

狮子：我比赛赢了，整理围棋的事情我可不做！（骄傲，边说边离开座位）

旁白：小狮子高高兴兴地向在旁的每个小动物说了一遍"以后你们都要叫我'围棋高手'哈！"，说完大摇大摆地离开了。小兔、小猴和其他小动物们见了都皱皱眉头，摇摇头。

第四幕：

旁白：第二天早晨，小狮子正在森林里散步，碰巧迎面遇到了小猫。

狮子：小猫，我们来下围棋吧！

小猫：不不不，我不和你下！（摇摇手，说完离开）

旁白：接着小狮子遇到了小狗。

狮子：小狗，我们来下围棋吧！

小狗：不不不，我不和你下！（摆摆手，说完就离开了）

旁白：然后小狮子又遇到了小鸟。

狮子：小鸟，我们来下围棋吧！

小鸟：不不不，我不和你下！（摆摆手，说完就离开了。）

狮子：咦？为什么大家都不愿意和我下棋呢？（摸摸自己的脑袋）

旁白：这时，它看到了小猴，于是上前说道。

狮子：小猴，我们来下围棋吧！

小猴：不不不，我不和你下！（摆摆手，说完就要离开）

狮子：为什么大家都不愿意和我下棋呢？是因为都怕输给我吗？小朋友们，你们知道这是为什么吗？（互动：与幼儿问答/邀

请个别幼儿）

小猴：对！就像小朋友说的那样！我虽然输给过小兔，但还是愿意以后和小兔继续下围棋。你想想你下棋时的样子吧，不敬礼、不猜先、不整理围棋，还骄傲自大。不懂围棋礼仪的人，大家都不喜欢和他下围棋！你明白了吗？

狮子：哦！我明白了，下围棋必须遵守围棋礼仪，大家都喜欢有礼貌的人。

旁白：这时，小兔正巧走了过来。

狮子：小兔，我愿意遵守围棋礼仪，你还愿意和我一起下围棋吗？（有礼貌地）

小兔：只要你愿意遵守围棋礼仪，我愿意和你下围棋。（点头微笑）

其他小动物们也都走了过来，齐声说：只要你愿意遵守围棋礼仪，我们都愿意和你下围棋！

四、律动儿歌

小狮子，爱围棋，觉得自己了不起。

小动物，告诉你，没有礼貌可不行。

小狮子，快学习，围棋礼仪要牢记。

好朋友，在一起，快快乐乐下围棋！

剧场故事四：《骄傲的小猴》

一、剧场准备

场景：围棋教室

人物：小猴弈弈、大象老师、小猫西西、小兔萌萌、熊猫达达

道具：动物服饰、围棋盘、围棋盒、围棋子

二、剧场律动《问好歌》
三、剧场故事

第一幕：

旁白：今天天气可真好，小动物们陆陆续续来到动物学校，大象老师也开始点名！

大象老师：小猫西西！

小猫：到！

大象老师：小兔萌萌！

小兔：到！

大象老师：弈弈？弈弈来了吗？

小猫：大象老师，弈弈还没来，他迟到了！

旁白：小动物们都到了，可是小猴弈弈还没来……

大象老师（叹了一口气）：哎，这调皮的小猴儿。

旁白：今天大象老师教小动物们对弈，这时小猴弈弈才慢吞吞地来到幼儿园。

大象老师：弈弈，你又迟到了。

小猴：大象老师，你教的本领我都会，我爸爸妈妈说我下棋可棒了！不需要学习了！

第二幕：

旁白：大象老师无奈又生气地摇摇头，对动物们说："孩子们，去找伙伴对弈吧。"小动物们各自找了伙伴进行对弈，大家相互鞠躬，礼貌的进行入座礼仪，猜先礼仪，随后安静地开始下棋。弈弈找了西西来比赛，但他上蹿下跳，完全不守规则。看，这会儿小猴又跳到了椅子上，迫不及待要下棋了。

小猫：弈弈，弈弈，我们还没猜先呢。

小猴：别麻烦了！我要拿黑棋，开始比赛吧，我肯定能赢！

旁白：看着弈弈这样不懂礼貌又不守规则，西西有些不开心，但也只能跟着弈弈一起下棋。小动物们一人一子，安静又认真地对弈。只有弈弈，一直说个不停。

小猴：西西，你别慢吞吞的了，快下呀，反正我肯定能赢！

小猴：西西，不管你下在哪儿，最后我肯定能赢！

大象老师（摇了摇头）：弈弈，请你轻声说话，别着急，要给对手思考的时间。

旁白：西西在下棋时，弈弈在一旁焦急得不得了。轮到自己下棋时，他也不多加考虑就快速落子。眼看自己的黑棋被白棋慢慢包围，弈弈开始着急了，不知道该把黑棋下在哪儿，好不容易落了一子，一看下错了，小猴又叫了起来，想要反悔。

小猴：西西，你等等，我不下在这儿了，我要改。

小猫：不行不行，落子无悔，这是下棋的规则。

小猴：我可以悔棋吗？（互动：与台下幼儿问答）

旁白：弈弈一看西西不同意他悔棋，就动起了歪脑筋。

小猴：西西，你快看，你妈妈给你送鱼来啦！

旁白：西西一听妈妈来了，立刻转过头看，可是找了半天，都没看到有妈妈的身影。小猴趁小猫转头，偷偷修改了落子的地方。很快，一盘棋局结束了，小猴最终取得了胜利。

第三幕：

大象老师：下面，请每组获奖的小动物上台领奖，西西和萌萌，快来领取你们的奖品。

旁边：每位获胜的小动物都可以到前面接受大家的鼓励和掌声。可是大象老师并没有邀请小猴上台，而是请了小猫。

123

小猴：老师,你搞错了。是我赢得了比赛!

大象老师：真的吗？是你靠自己的真本事赢得了比赛吗？

大象老师：小朋友们,他是靠自己的真本事赢得了比赛吗？（互动：与台下幼儿问答）

旁白：弈弈一听,惭愧极了,脸一下子红了,什么话都说不出来。

大象老师：孩子们,我们下棋不是为了争输赢,而是在下棋的过程中学本领,所以就算输了也没关系。诚实、礼貌也是你们需要学习的大本领。靠自己的真本事获得胜利才是最光彩的。

小猴：大象老师,对不起,我不该偷偷悔棋,也不该每次上课都迟到,不好好学习。西西,我也要跟你说对不起,下次我一定遵守礼仪,按规则来下棋。

小猫：没关系,没关系。

旁白：小猴能及时改正错误,还是个懂事的好宝宝,让我们一起为小猴子鼓鼓掌吧!

四、律动儿歌

小动物们来下棋,
小猴弈弈真得意,
要说下棋我最行,
谁也不能和我比!
小猴小猴别得意,
下棋不为争输赢,
诚实礼貌不骄傲,
大家都夸你真棒!

"围棋直播间"活动计划

中一班 单宵雯、倪雯姣

一、活动来源

在一次自主游戏中,洋洋找到一块方形的纸板,他用记号笔在纸板上画了横横竖竖各7条直线。正当我疑惑洋洋的意图时,他突然又在纸板中间的交叉点上画上一个圆点,原来是在制作围棋盘啊。此时,洋洋又大声宣传:"洋洋棋凌学堂开课啦,大家快来啊。"吆喝声引来了两名小朋友——言言和莉莉。"小朋友好。"洋洋边说边与两个小朋友行了一个欠身礼,言言和莉莉捂嘴笑着,随即也行了一个欠身礼。洋洋说:"我是小老师,今天我教你们学围棋……"

在分享交流中,孩子们对"洋洋棋凌学堂"十分感兴趣,有孩子问:"小鸭鸭手势教了吗?""还有枷锁教了吗?""我会双打,我可以教小朋友双打的本领。"……就这样,孩子们炸开了锅,原来他们十分享受当小老师的过程,也愿意分享自己所学的围棋技法内容。后来几天的自主游戏中,"××棋凌课堂"的游戏主题一直延续着,他们所分享的围棋技法并不专业,但是孩子们乐在其中。我们也给孩子们提供了一些磁性围棋子和围棋盘,方便幼儿在黑板上操作。

幼儿对围棋的热情不减,又延续到了自由活动,他们用点读笔学习墙面上的围棋礼仪;一起翻阅学校出版的围棋故事:《三心二意的小猫》《多嘴的小鸟》《没礼貌的小狮子》《骄傲的小猴》,有时还有几个小朋友围在一起表演故事里的内容。这样的围棋氛围值得推广,所以,我们常常在餐前小广播中邀请孩子上台说说"围棋二三事"。一天,瀚瀚兴奋地表示妈妈给他买了一个新的围棋套装,围棋盘和围棋子装在一个小包内,十分轻便,可以随身携带。此时,萌萌笑着说:"我妈妈在手机上看的直播间,里面也是这么介绍的。""我妈妈也看直播,一直买东西的。"就这样,"直播间"又成为热门词汇,孩子们快乐地分享"围棋二三事"时,就仿佛让我们置身直播间一般精彩。

二、活动指向的文化内涵及价值分析

围棋是中华民族的瑰宝,是中国文化发展史上璀璨的明珠,围棋文化在发展的过程中融合了哲学、历史、天文等知识,有着丰富人文内涵、哲学内涵、美学内涵。我们借助围棋直播间,让每个孩子说说"围棋两三事",从对围棋的兴趣出发,逐渐感受围棋的物质文化和精神文化。孩子们在幕后精心准备,台前自信表演的过程中,培养了动手动脑的能力和坚持不懈、齐心合作、大胆自信等品质。

三、活动目标

1. 愿意和同伴合作,尝试通过说、唱、跳、演、诵等方式,提高多元表达能力,加深对围棋故事、围棋礼仪、围棋典故的认知。

2. 乐意在"直播间"的舞台上,自信、大胆地表达表现,对围棋活动产生浓厚的兴趣。

3. 知道自己的优点和长处,并对此感到满意。

四、具体安排

第一阶段(第3周—第5周)

活动内容:

1. 了解围棋直播间的含义。

2. 在直播间内简单分享"围棋二三事"。

3. 与"童谣围棋"互动,初步感受围棋礼仪。

第二阶段(第6周—第8周)

活动内容:

1. 从班级日常入手,讨论每周一的"棋凌学堂"知识点或幼儿考级事宜等。

2. 与"童谣围棋"互动,共同演绎入座、对弈、猜先等围棋礼仪。

3. 老师与幼儿一同讲述围棋故事,知道"落子无悔""观棋不语"等对弈礼仪。

第三阶段(第9周—第14周)

活动内容:

1. 每周预约5名幼儿在"围棋直播间"演绎有关"围棋二三事"。

2. 在过程中鼓励幼儿与老师或者家长商议活动内容。

3. 共同准备"直播间"所需材料。

第四阶段(第14周—第19周)

活动内容:

1. 制作"围棋直播间"宣传海报。

2. 提前预告主题,开始"主题式"直播。

3. 邀请中班幼儿走进"围棋直播间"。

4. 讨论参观后情况,根据需要进行调整。

"围棋礼仪秀"活动计划

中二班　杨洋　黄艳华

一、活动来源

中国向来以礼仪之邦自居,礼仪在如今的社会也无处不在,如：见面之礼、出行之礼、坐卧之礼，等等。在幼儿园这个小小的社会中，礼仪也无处不在。而围棋作为我们中国的传统文化，其中的围棋礼仪也是围棋学习中非常重要的一部分，所谓"棋虽小道，品德最尊。"下棋的过程也是幼儿良好品德形成的过程。但我们在平时的围棋活动中发现，孩子们对于围棋礼仪并不是很重视，因此，我们开展了一些有关围棋礼仪的活动，让幼儿感知礼仪的重要性。

如：我们给孩子们欣赏了围棋故事《多嘴的小鸟》，第一次倾听故事后，在讨论到喜欢哪个角色的时候，大部分孩子被小鸟可爱的形象所吸引，都说喜欢小鸟，并没有理解故事的真正含义。第二次倾听故事后，结合平时下棋的经验，部分孩子的观点有所改变了，有的说："下棋的时候是不能说话的。"有的说："这只小鸟打扰了下棋的动物朋友。"可以看出，孩子们对"观棋不语"有了一些了解。之后，我们将故事中动物的装扮材料投入到了材料库中，幼儿对这个故事很感兴趣，纷纷去表演，慢慢地，在平时下棋的时候，孩子们也经常会说："我们不能学多嘴的小鸟，下棋的时候不能说话的。"

这样的表演给我们的启示是：相比枯燥地念围棋礼仪儿歌，我们可以用表演的形式让幼儿更自主地接受围棋礼仪，因此，我们想通过"情景式＋互动"的创新模式，融入音乐的元素，让幼儿在演演、说说、跳跳中潜移默化地学习围棋礼仪，并在表演的过程中提高幼儿的表现力，让幼儿真正展现围棋礼仪的风采。

二、活动指向的文化内涵及价值分析

围棋起源于中国，蕴含着中华文化的丰富内涵，它除了是一项竞技运动,其中的精神、棋品对于棋手来说是非常重要的。因此,借助情景互动式的"礼仪剧场"活动,让幼儿了解基本的围棋礼仪,逐渐提高幼儿的品格与修养。通过互动的方式,潜移默化地把围棋礼仪渗透到幼儿的心里,让幼儿感受围棋精神。同时,也希望围棋礼仪能作为一个引子,让幼儿把在棋盘上学到的良好的习惯、格局、专注力等品质延续到日常的活动中。

三、活动目标

1. 知道围棋礼仪的由来并能遵守。
2. 会唱简单的围棋礼仪儿歌。
3. 喜欢和同伴一起表演围棋礼仪。

四、具体安排

第一阶段(3月)

活动内容:

1. 了解一些基本的围棋礼仪,知道礼仪的重要性。
2. 了解围棋礼仪儿歌,以及每个礼仪的含义。
3. 学念围棋礼仪儿歌。

第二阶段(4月)

活动内容:

1. 欣赏礼仪音乐,尝试跟着音乐节奏念礼仪儿歌。
2. 和老师一起创编礼仪动作。
3. 听着音乐表现礼仪儿歌。

第三阶段(5月)

活动内容:

1. 分配表演角色(包括个别幼儿的串场互动),幼儿了解自己表演的内容。

2. 幼儿进行分组,排演不同的围棋礼仪。

3. 幼儿相互之间交流表演。

第四阶段(6月)

活动内容:

1. 将节目整体串起来排演。

2. 向全园展示成果。

"棋艺社"活动计划

中三班　徐钦佳　陈帼瑛

一、活动来源

经过一年多的围棋氛围渗透式浸润,我们中班幼儿园围棋游戏是孩子们最喜欢的活动。伴随着孩子们的成长,美丽的童话、动人的传说,往往会让孩子们在不知不觉中学会许多关于围棋的知识,懂得做人的道理。

"我们玩征子吧!""我们来比比枷锁吧!"孩子们踊跃发言,想以小组式棋凌社独特的方式一起来表现游戏,纷纷开始商量角色的分配、剧本的安排、场景的设计……

为了让孩子们的兴趣更富有表现力,给他们提供一个学棋礼、敢对弈、会说棋的氛围,一个展示自己才华的舞台,使凌娃们在快乐的童年生活中获得有益于身心发展的体验,我们决定开展小组式"棋凌社"活动。

二、活动指向的文化内涵及价值分析

围棋文化的价值毋庸置疑。如吴清源曾说:"下围棋要把握好'中',要在下棋过程中做到中庸调和,下好围棋的关键就在于对棋局当前分寸的慎重考虑和对对手意图的猜测和判断。"这一点和中华文化中庸之道不谋而合。所谓中庸,就是要辨明各方立场,时而隐忍不发,时而突击挺进,时而迂回转展,这些都与中国传统文化精髓相符合。

从幼儿身心发展来说,通过小组式棋凌社独特的方式,表现了游戏中对促进幼儿良好品德的形成具有重要作用,集中体现为:坚韧不拔,自强不息,勇往直前。

可见围棋活动及围棋文化中蕴含的德育元素能够成为推动幼儿品德发展的重要教育方式,为幼儿形成良好的品德修养打下良好的基础。如古伟玲(2018)在谈到以围棋活动促进幼儿品德修养的研究中指出,应帮助幼儿从小养成良好品质:切磋棋艺时要坚持谦逊待人,胜利了不能骄傲,失败了也不可以气馁,而是要恭喜对手,尊重对手的成功。如果在对弈过程中有事需要离开,也有义务告知对方,并请求对方的谅解等。

从对教师围棋游戏活动设计能力的提升上来说,让游戏和角色相结合的身心沉浸游戏,小组式棋凌社全新突破的新游戏,对于教师是一种新挑战、新契机,可以帮助其更深入了解围棋游戏对于孩子发展的作用。

三、活动目标

1. 理解打征子的文化意义。

2. 在游戏中感知围棋打征子的基本着法。

3. 激发幼儿坚持到底的坚韧意志的培养。

四、具体安排

第一阶段(3月)

活动内容：了解围棋的基本着法,追溯故事文化的起源。

1. 从童谣围棋着手,探寻征子、枷锁的故事。

2. 根据幼儿不同兴趣点和围棋水平组成活动小组,确定小组成员。

第二阶段(4月)

活动内容：熟悉了解围棋的起源、征子、枷锁的故事。

1. 亲子收集资料、阅读故事。

2. 童谣围棋诵读。

3. 小组讲故事。

第三阶段(5月)

活动内容：排演游戏。

1. 准备道具、背景。

2. 分角色表演排练。

第四阶段(6月)

活动内容：展示表演。

五个小组活动：围棋盘、数气、围棋的起源、征子、枷锁

征子材料：

黑白士兵衣服,小棋盘(战场),基本题型棋板

"围棋博物馆"活动计划

大四班　卫勍雯、陈薇

一、活动来源

在一次自由活动中,月月突发奇想,用材料库中的瓶盖当作棋子。在向大家分享的时候,有孩子提出了质疑:"瓶盖又不是棋子,也没有黑色、白色,怎么用来下围棋呢?"于是作为引申内容,我们向孩子们介绍了围棋的起源,当说起古代的人们会用石子当作棋子时,引发了孩子们极大的兴趣。户外运动时,就有孩子挑回了许多的小石子,想要学一学古代的棋手。一开始,孩子们只是自发地解决游戏过程中发现的问题,例如:石子的颜色都一样,放到棋盘上后就分不清是谁的棋子了。后来渐渐在班中兴起了一股"自制围棋"的风潮,孩子们开始用班中的纸盒、手工纸制作棋盘、棋子,再到后来,有一些孩子会从家里带一些制作材料来园制作。

随着孩子们的制作兴致不减,我们又投入了更多的材料支持他们的活动。如橡皮泥、小竹签、木块积木、扭扭棒等,还专门开辟了一个角落用来摆放他们收集来的制作材料。有一天琳琳望着陈列着的各式各样的围棋盘忽然说:"好像一个商店噢!"岳岳说:"这里什么围棋的东西都有!"宇宇笑着说:"什么都有不就是博物馆了嘛!"同伴们兴奋地附和:"我去过博物馆!""我去的是自然博物馆!"也有人问:"什么是博物馆?"宇宇说:"博物馆就是有很多东西,有一块牌子专门介绍的……"孩子们兴奋了起来,纷纷来问老师:"老师你去过博物馆吗?"博物馆正是一个各类信息、物品汇总整合、陈列展示的地方，也能让孩子们的兴趣有所承载和记录。

二、活动指向的文化内涵及价值分析

将本活动的内容、形式和围棋文化内容进行科学对接，剖析本活动的围棋文化内涵及教育价值（可从教师专业发展、幼儿身心发展两方面分析）。

围棋已经有数千年的历史，是中国古代智慧的象征，传承至今更是积累了大量的对弈技巧、名人轶事。借助这个小小的博物馆，我们可以让孩子了解更多在围棋历史的长河中发生的故事。在围棋典故中了解围棋的品德、哲理；在围棋发展历史中感受古人的智慧；在做做棋子棋盘、画画海报、捏捏泥人、做做讲解员等活动中培养幼儿的动手、语言表达和同伴协作等能力。共同建设"小小围棋博物馆"的过程，也有助于培养幼儿坚持不懈、有始有终、积极探索的品质。

三、活动目标

1. 了解围棋历史上为国争光的名人事迹及典故。
2. 会说简单的围棋故事。
3. 能感知和发现物体的形体结构特征，并运用绘画、拼搭等方式表现物体的造型。

四、具体安排

第一阶段（第3周—第5周）
活动内容：

1. 了解什么是博物馆。

2. 分享自己去参观博物馆时的经验、见闻、感受等。

3. 收集博物馆的照片、了解博物馆内部展品的陈列方法。

4. 用绘画的方式给班级里的"小小围棋博物馆"制作一份"设计图"。

第二阶段(第6周—第8周)

活动内容：

1. 讨论、商量博物馆中要陈列哪些展品。

2. 讨论如何制作这些展品，需要用到哪些材料。

3. 分组讨论负责的区域和内容，制定制作内容。

4. 各组收集制作材料、围棋典故等。

第三阶段(第9周—第14周)

活动内容：

1. 幼儿分组根据负责的内容进行制作。

2. 在过程中根据实际情况调整制作内容。

3. 讨论展示区域的分割。

4. 共同制作博物馆的展示区域及装饰。

第四阶段(第14周—第19周)

活动内容：

1. 制作博物馆宣传海报。

2. 邀请中班幼儿参观小小围棋博物馆。

3. 讨论参观后情况，根据需要进行调整。

4. 邀请大班、小班幼儿分别参观小小围棋博物馆。

5. 向全校老师们展示小小围棋博物馆。

"曲苑杂坛"活动计划

大一班　唐婉婷　戴　怡

一、活动来源

围棋游戏是我园多年的特色活动，以幼儿主动学习为主，以各类围棋游戏融合活动为课程内容，贯穿于一日活动中，深受班级幼儿的喜爱。成语作为我们中华民族悠久历史文化的一部分，具有丰富的内涵，意义深远。而成语故事则语言生动凝练，形象鲜明，还蕴藏着十分丰富的知识和道理。我们班幼儿从上学期开始就对与每一个主题相关的成语十分感兴趣，每天都有孩子带来新的关于主题的成语和相关的小故事来和同伴分享。孩子们从中体验到成语故事的乐趣，既开阔了视野、增长了知识，又懂得了许多做人的道理，还锻炼了语言表达能力，促进了语言思维的发展。在一次对弈中，班级中一名幼儿下棋下到一半分心去做别的事情，这时另一名幼儿指出下棋时不能三心二意，要专心致志。抓住这个契机，我们尝试将围棋与成语故事进行融合，通过开展"曲艺杂坛"活动让幼儿大胆呈现表达和围棋文化相关的成语故事。

二、指向的文化内涵及价值分析

围棋是中华民族的瑰宝，是中国文化发展史上璀璨的明珠，围棋文化在发展的过程中融合了哲学、历史、天文等知识，有着丰富人文内涵、哲学内涵、美学内涵。我们借助"曲苑杂坛"这个载体，抓住幼儿热爱围棋和喜欢成语故事的兴趣点，创造机会和条件，提供丰富的便于幼儿取放的材料、工具或物品，支持幼儿自发尝试将两者结合进行创造表现,共同分享艺术活动的快乐。

三、活动目标

1. 能自主选择擅长或喜爱的表现方式,大胆演绎和围棋文化相关的成语故事。

2. 以小组的形式尝试创设具有围棋文化元素的环境。

3. 能运用多种工具、材料、表现手法表达自己对成语故事的理解和想象。

四、具体安排

第一阶段(3月)

活动内容:

1. 鼓励幼儿与家长共同搜集与围棋有关的成语。

2. 幼儿投票选出最喜欢的五个关于围棋的成语故事。

3. 幼儿自由组队选择自己喜欢的成语,各自回家了解该成语的含义并进行创编故事。

第二阶段(4月)

活动内容:

1. 各小组进行故事讨论,商量演绎的方式和所需的道具。

2. 各组(真人秀组、皮影戏组、手偶组、指偶组)进一步熟悉故事内容,准备演出道具。

3. 各小组分别制作成语故事海报。

第三阶段(5月)

活动内容:

1. 幼儿分组进行排练,不断完善丰富故事情节。

2. 每周邀请1—2组幼儿为同伴表演,幼儿相互点评,说出优缺点。

3. 根据同伴点评及时调整表演的内容和道具。

第四阶段(6月)

活动内容:

1. 开展"曲苑杂坛"围棋成语故事演出秀。

2. 班级评选本学期"曲苑杂坛我最喜欢的节目"。

"围棋嘉年华"活动计划

大二班　杨思文　钱舒琴

一、活动来源

经过小班和中班两年的围棋课程,孩子们对于围棋游戏已经有了很深的情感,每天都期待着围棋游戏活动的展开。在自由活动中,有幼儿自主地拿着围棋游戏的材料进行游戏,并且调整了游戏规则,将自己的围棋经验融入其中,变出了新的玩法,孩子们玩得很开心。而且我们也发现,在这些游戏中,围棋元素的融入是自然的,孩子们就像普通玩游戏一般自然而然地将围棋的知识、技巧以及围棋的礼仪等表述出来,同伴之间也非常能接受和理解,有些平日里对围棋并不是十分热衷的孩子也能够融入其中和大家一起玩。于是,我们开发了"围棋嘉年华"活动,让孩子们结合自己的围棋经验以及游戏经验,进行围棋游戏活动的自主设计与实施。

二、活动指向的文化内涵及价值分析

"围棋嘉年华"活动的设计与实施,是建立在幼儿具有一定的围棋文化基础上的。幼儿需要了解初步的围棋礼仪,掌握初步的围棋知识、技巧和着法。比如在"格子游戏"中,幼儿将围棋的各种棋局融入传统的棋类游戏中,自主设计棋盘,设计不同的棋局作为关卡,通过"数气"、寻找"聪明的打"、"包围"等方式来解题并通过关卡。通过玩游戏的过程,不断地让幼儿巩固和熟悉围棋的知识,随着幼儿掌握的围棋技巧越来越多,关卡可以不断地进行调整。在游戏"围棋学堂"中,幼儿将角色游戏与围棋活动相结合,这需要幼儿具有比较完整的围棋能力,不仅包括围棋的技巧和着法,还涉及围棋礼仪的学习。

幼儿对于围棋的兴趣及掌握的水平是不同的,但是在以小组为单位的活动中,不同的幼儿能够根据自己的能力进行分工合作。通过互动,幼儿在团队中互相学习,取长补短,让不同层次的幼儿都得到了发展。

三、活动目标

1. 将围棋礼仪、知识、着法等与游戏相融合,自主设计并实施不同类型的围棋游戏。

2. 在实施"围棋嘉年华"活动中,进一步理解并掌握不同的围棋着法和技巧。

3. 在以小组式开展活动的过程中,促进幼儿团队合作、自主探索的能力,激发幼儿对于围棋游戏的创造力和想象力。

四、具体安排

第一阶段(第2周—第4周)

活动内容:围棋游戏自主设计。

1. 幼儿自由组合,形成 4—5 个游戏小组。

2. 幼儿商讨围棋游戏的类型及游戏的玩法和规则等。

3. 确定围棋游戏计划并制作计划书。

第二阶段(第 5 周—第 9 周)

活动内容:制作围棋游戏材料。

1. 商量制作时需要的材料。

2. 家园合作共同收集制作材料。

3. 幼儿共同制作围棋游戏材料。

第三阶段(第 10 周—第 15 周)

活动内容:围棋游戏实施与调整。

1. 将制作好的游戏材料运用到游戏活动中,组员共同尝试实施游戏。

2. 在实施过程中遇到问题或困难,进一步商讨并调整原有计划,不断完善游戏。

第四阶段(第 16 周—第 20 周)

活动内容:围棋游戏嘉年华。

1. 小组成员熟悉游戏的规则和流程,制作游戏玩法手册。

2. 设计游戏宣传口号。

3. 全班共同开展围棋游戏嘉年华活动。

"棋凌小剧场"活动计划

大三班　张玲　梁静宜

一、活动来源

新冠疫情之后,孩子们非常怀念幼儿园的外出活动。一次谈话活动中我们一起观看了以前中班时集体去儿童艺术剧场观看表演的照片,有的孩子一边看照片一边兴奋地表示还想再去剧场看表演,有的孩子说长大以后也要做演员,还有的孩子说要是学校里也有个小剧场多好啊,就可以天天看表演了……

很快孩子们就在自主性游戏中开起了小剧场,一段时间之后玩剧场游戏的孩子们问题逐渐多了起来:为什么没有观众来看表演?演到一半演不下去了怎么办?小剧场和儿童艺术剧场里的表演一点都不像,观众表示看不懂剧场的表演……

经过几次师幼讨论之后,孩子们逐渐厘清了问题并产生了更好地开展剧场活动的愿望,于是"棋凌小剧团"这个成长型剧场游戏就应运而生了。

二、活动指向的文化内涵及价值分析

"棋凌小剧团"活动中既渗透了围棋物质文化如围棋典故"智存毛驴""观棋烂柯""专心致志""当局者迷,旁观者清"等,还有幼儿看了围棋图书后自己改编再创造的围棋故事,如《三心二意的小青蛙》《一心一意的艾尔莎公主》等,也涉及了围棋精神文化,如围棋礼仪中的静坐礼仪、执子礼仪等。在小剧团的数次活动中,大班幼儿对于围棋文化的理解逐步加深,并能将之迁移到不同的活动场景中灵活运用,幼儿不仅被古人的智慧折服,也认同围棋文化中蕴含的道理。

三、活动目标

1. 能在理解围棋典故的基础上,融入自己的想法,并逐步将之完整地呈现出来。

2. 以小组的形式尝试创设蕴含围棋文化元素的剧场环境。

3. 尝试与两名以上幼儿进行分工和合作,能大胆在集体面前表演,体验与同伴合作演出的快乐。

四、具体安排

第一阶段(3月——小剧团的成立)

活动内容:

1. 确定每个小剧团成员,明确小剧团活动的时间,制定小剧团计划书。

2. 以小剧团为单位收集和剧场、剧团、表演、围棋故事相关的素材(视频、图片等),并集中进行介绍和分享交流。

3. 小剧团确定要表演的主题或主要内容。

4. 搜集或制作表演所需的服饰和道具。

第二阶段(4月——小剧团的剧场)

活动内容:

1. 创设小剧团的墙面展示环境,主要内容为"我的小剧团",设计门票、海报等。

2. 探索用各种材料创设可移动的小剧场。

3. 以小剧团为单位进行剧场环境(舞美)的再创造,突出各自的特点及围棋文化元素。

4. 剧场环境展示周活动。

第三阶段(5月——小剧团的竞争)

1. 进行第一次小剧团的演出和互动点评并投票选出最受欢迎的节目。

2. 小剧团在第一次表演的基础上进行调整。

3. 鼓励小剧团之间进行跨团合作。

第四阶段(6月——小剧团的公演)

1. 每个剧团对自己的节目进行广告宣传,并投票选出最期待的节目。

2. 小剧团在投票之后对自己的表演和内容进行再次调整。

3. 在围棋大剧场里进行小剧团的公演。

围棋"嘎讪胡"活动计划

中四班　符晓雯　袁倩

一、活动来源

"嘎讪胡",在沪语里意思为两个及两个以上的人聚在一起闲聊。围棋文化的内涵非常广泛,有文学的、历史的、哲学的……传递着丰富的文明礼仪、品德规范、历史文化知识与道理,也体现着中华文化的博大精深。中班幼儿已经掌握了一定数量的词汇,进行简单易懂的"嘎讪胡"活动,对幼儿启迪智慧、陶冶情操以及发展口语表达能力都能起到积极的作用与意义。

我们班幼儿语言发展较好,并且喜欢表达表现自己,其中还有好多幼儿能说一口流利的上海话。于是,我们思考是否可以将围棋与"嘎讪胡"融合,让幼儿沉浸在喜爱的小剧场里,浸润在围棋文化中,体验丰富的围棋礼仪、知识、文化、历史。

二、活动指向的文化内涵及价值分析

围棋在古代是一种非常流行的棋类游戏,是古人们日常生活中的重要部分,其中蕴含着深厚的传统文化价值与意义,对当代幼儿也具有育德、润心、启智的积极作用。如"观棋不语""专心致志""棋逢对手""当局者迷,旁观者清"等词汇具有丰富的品德、礼仪与历史文化的价值;"金鸡独立""围棋十诀"等词汇能让幼儿了解围棋知识技能,促进对生活的哲学理解。

围棋"嘎汕胡"剧场活动的开展,对幼儿身心发展有着积极的推动作用。

1. 增强围棋感悟,体验优秀传统文化

幼儿从中班起开始接触围棋,接受传统文化的启蒙教育,有助于幼儿从小感受中华民族传统文化的魅力,萌发爱国情怀,增强文化自觉与自信,对于幼儿语言表达也有着积极的促进作用。

2. 参与"摊主"活动,提升交往规则与技能

在"摊位式嘎汕胡"中,鼓励幼儿主动担任"小摊主",积极收集、创作"嘎汕胡"素材,想办法吸引更多的观众,并能在剧场活动中倾听和接受别人的意见,不能接受时会说明理由,用积极乐观的心态解决产生的问题。

3. 浸润剧场活动,激发创造表现力

鼓励幼儿在"嘎汕胡"剧场活动中自主大胆地自述围棋话题,并为表演选择和搭配简单的服装、道具与布景,激发幼儿的表达表现力,感受剧场活动的快乐。

三、活动目标

1. 采用多种方式积极收集围棋话题资料,并能用较生动、完整的语言与同伴分享讲述。

2. 在"嘎汕胡"活动中,感知理解优秀的传统文化(礼仪、情

感、围棋知识技能、围棋话题等),尝试大胆地进行讲述、表演。

3. 积极参与"嘎讪胡"活动,大胆交往、积极合作,提升幼儿的社会交往能力。

四、具体安排

第一阶段(2021年9月—10月)

活动内容:教师收集围棋文化信息(礼仪、情感、知识、技能、历史)。

第二阶段(2021年11月—12月)

活动内容:

1. 观看"嘎讪胡"电视节目。

2. 鼓励幼儿自己通过书本、网络、采访等多种方式收集围棋话题。

第三阶段(2022年1月—6月)

活动内容:

1. 鼓励幼儿自由收集围棋话题与材料(视频、符号、图画等)"设摊"进行"嘎讪胡"吸引观众。

2. 通过班级展演,选出最受欢迎的"嘎讪胡小摊位"。

3. 年级组大舞台时进行"嘎讪胡"表演。

沉浸式剧场活动方案:《尧造围棋以教子丹朱》

材料准备:古代场景背景三组、古代服装(大人两套,幼儿两套)、木剑玩具15把、桌椅、围棋子、音乐(《刀剑如梦》)等。

玩法：

第一幕：

丹朱舞剑，带领观众认识故事主角，了解故事背景，共同进行舞剑游戏。

丹朱：小朋友们好，欢迎你们来我家玩，我的名字叫丹朱，我生活在遥远的古代，在古代，我们都是这样打招呼的(作揖状，与个别幼儿简单互动)，这里就是我的家，快请进吧。

丹朱：舞剑真好玩啊，可是我的父亲不喜欢我舞剑，他觉得我太贪玩了。趁着我父亲不在，我赶紧玩一会。你们想不想和我一起玩剑啊？好呀，这里还有剑呢，你们可以每人拿一把剑，我们一起舞剑吧！(播放音乐，丹朱带领幼儿跟着音乐一起欢乐舞剑。)

丹朱：不对，快停下来，我父亲好像来了，嘘……

第二幕：

尧造围棋，带领观众了解尧造围棋的经过，认识围棋盘、围棋子及围棋来历。

尧一把掀开门帘进来：丹朱你在做什么？(怒气冲冲地走来走去)这些孩子从哪里来的？

丹朱小声：他、他们都是我新认识的朋友。

尧：哎呀！你看看你，不好好读书又在这里舞剑，还带着这么多的孩子一起玩！成何体统！和我来书房！(甩袖离开)

丹朱：那，那他们怎么办呀？

尧生气：让他们一起过来！

丹朱：那我们快点跟着父亲去书房吧。

尧和丹朱带领观众们一起转场至书房。

丹朱：父亲您别生气了，我会好好读书的。

附录一　围棋剧场活动方案

尧：你这个孩子让我说你什么好！你就这么喜欢舞刀弄剑啊？

丹朱（兴奋地）：舞刀弄剑就像打仗一样，多好玩呀，别说我喜欢了，他们也很喜欢啊，是不是？

众人点头。

尧：哎，既然这样，真拿你们没办法，那我就教你们一个打仗的游戏吧。

（尧在大棋盘前演示，大棋盘上有三五颗黑子白子和黑白将军的图片）

尧：这是一副棋盘和棋子，这个游戏玩起来和打仗类游戏很相像哦。

尧：看仔细了，这个游戏是这么玩的：黑将军带领黑士兵，白将军带领白士兵，在棋盘战场上展开了激烈的战争。但是这个游戏是有规则的哦，不管是黑士兵还是白士兵都要走在交叉点上。有一首儿歌是这么念的：围棋盘十九路，路上有交叉点，交叉点上下围棋，九颗圆点九颗星，中间的星星叫天元。

丹朱：我会念我会念，我们一起念吧（互动一起念儿歌）。

丹朱：哇，这个游戏好好玩，这个游戏叫什么名字啊？（互动）

丹朱：原来你们都知道啊，那你们知道我的父亲叫什么名字吗？我的父亲叫尧，他是古代一位了不起的皇帝，围棋就是他发明创造的。

尧：你们想在棋盘上带兵打仗吗？好，那和我们一起去棋室吧。（引导幼儿转场至棋室，两两入座）

第三幕：围棋礼仪，和观众共同感知并体验常见的围棋礼仪。

丹朱：这个游戏太好玩了，我要玩。（丹朱边说边做粗鲁坐下

的动作）

尧：丹朱，下围棋哪有你这样的，坐没坐相，下围棋也是要讲礼貌的。

丹朱：啊，下围棋也要讲礼貌啊。

尧：那当然啦，孩子们，你们可千万别学丹朱那样啊。好，我们一起来学学围棋里的礼貌。（尧和丹朱示范开局礼仪）先敬礼，再下棋，坐端正，有规矩。（端坐在椅子上，上身自然挺直，双手放在膝盖上，面带微笑注视对方，上身微微倾，慢慢直起腰，还原成坐的姿势）。

尧：做得真不错，小朋友们，你们会吗？好了，该下棋了。

丹朱：我先下我先下！

尧：谁先下棋在围棋里也有规定的，小朋友们，我们一起来试试吧。猜先礼仪：取棋子，对方猜，摆数目，定先后。这个办法叫猜先，一位小朋友手中藏好几颗棋子，让对手猜猜自己手中的棋子数目是单数还是双数，猜对了拿黑棋下围棋，没猜对请藏棋子的小朋友拿黑棋下围棋。

丹朱看着窗外：哎呀，父亲，天都黑了，小朋友们该回家了。

尧回头看：天真的黑了，孩子们，你们该回家啦，来来来，我们家有个后门，从这里离开很方便，快过来吧，欢迎你们下次再来我们家做客啊。

丹朱：欢迎你们下次再来玩哦，再见！

附录二
访谈提纲

家长访谈提纲

① 请问您的孩子知道玩围棋要注意相关礼仪吗？有哪些围棋礼仪呢？请举例说明。

② 请问您的孩子在家和您玩围棋游戏时，会表现出围棋礼仪的相关行为或动作吗？请举例说明。追问：您觉得这些对于孩子的发展有意义吗？

③ 请问您的孩子听过和围棋相关的历史故事、名人故事吗？听过哪些故事呢？请举例说明。

④ 请问您的孩子会和您谈论和围棋相关的故事或人物吗？都说过哪些故事、人物呢？请举例说明。追问：您觉得这些对于孩子的发展有意义吗？

⑤ 您的孩子在学了围棋之后是否会在家里和您讨论学围棋的感悟呢？如舍小就大、逢危须弃、不得贪胜、势孤求和、彼强自保等（如家长不理解，访谈者可进一步解释）。

⑥ 您觉得您的孩子是否理解这些道理并能将它们运用到生活中去呢？请举例说明。追问：您觉得这些对于孩子的发展有意义吗？

⑦ 您的孩子理解围棋的基本规则或术语吗？请举例说明。

⑧ 您认为孩子学围棋后,孩子的思维方式(如在整体布局规划、方位的判断、对现象的识别等)有无明显的变化呢?请举例说明。追问:您觉得这些对于孩子的发展有意义吗?若思维方式和前面提到的围棋礼仪、历史知识、和谐思想相比,您觉得哪项更重要呢?能否排序。

"基于围棋文化开展3—6岁幼儿'弈go'剧场活动的实践研究"课题组

时间:2020年6月

教师访谈提纲

① 请问您班级的幼儿知道玩围棋要注意相关礼仪吗?有哪些围棋礼仪呢?请举例说明。

② 请问您班级的幼儿玩围棋游戏时,会表现出围棋礼仪的相关行为或动作吗?请举例说明,追问:您觉得这些对于幼儿的发展有意义吗?

③ 请问您班级幼儿听过和围棋相关的历史故事、名人故事吗?听过哪些故事呢?请举例说明。

④ 请问您班级幼儿会和您谈论和围棋相关的故事或人物吗?都说过哪些故事、人物呢?请举例说明。追问:您觉得这些对于幼儿的发展有意义吗?

⑤ 您班级幼儿在学了围棋之后是否会和您或者同伴说说学围棋的感悟呢?如舍小就大、逢危须弃、不得贪胜、势孤求和、彼强自保等。

⑥ 您觉得幼儿是否理解这些道理并能将它们加以运用呢?如有上述情况请详细说明。追问:您觉得这些对于幼儿的发展有

意义吗？

⑦ 您班级的幼儿理解围棋的基本规则或术语吗？请举例说明。

⑧ 您认为幼儿在学围棋后，幼儿的思维方式（如在整体布局规划、方位的判断、对现象的识别等）有无明显的变化呢？请举例说明。追问：您觉得这些对于幼儿的发展有意义吗？若思维方式和前面提到的围棋礼仪、历史知识、和谐思想相比，您觉得哪项更重要呢？能否排序。

"基于围棋文化开展3—6岁幼儿'弈go'剧场活动的实践研究"课题组

时间：2020年6月

幼儿访谈提纲

① 你喜欢围棋吗？你知道围棋礼仪吗？可以说一说或者做一做吗？

②（出示围棋礼仪图片、视频）你知道这些围棋礼仪在什么时候需要做吗？

③ 你喜欢幼儿园的围棋活动吗？那你知道和围棋有关的人或故事吗？（可适当提醒，如幼儿说出个别关键字词，访谈者给予补充或再次确认）

④ 你知道围棋是哪个国家、谁发明的吗？最早的围棋是什么样子的呢？围棋里的白将军、黑将军是谁呀？为什么会这么说呢？（可适当提醒，如幼儿说出个别关键字词，访谈者给予补充或再次确认）

⑤ 你知道舍小就大（逢危须弃、不得贪胜、势孤求和、彼强自

保等)是什么意思吗？能打个比方说说吗？（访谈者可适当帮助幼儿语言进行简单梳理或追问，并确认幼儿是否理解其含义）

⑥ 那你觉得这些道理能不能用在游戏里呢？或者用在别的地方呢？能打个比方说说你是怎么用的吗？（访谈者可适当帮助幼儿语言进行简单梳理或追问，并确认幼儿是否理解其含义）

⑦ 你会下围棋吗？围棋是怎么下的呀？为什么要这样下呢？（访谈者可出示围棋棋具、图画书等帮助幼儿表达清楚自己的想法）

⑧ 我们来下一盘围棋好吗？你这一步为什么要这样走呀？（访谈者可和幼儿下棋，在下棋的过程中观察并询问幼儿有关围棋的相关术语、基本规则等）

"基于围棋文化开展 3—6 岁幼儿'弈 go'剧场活动的实践研究"课题组

时间：2020 年 9 月